Dominik Heinz

Benutzerverwaltung im heterogenen Umfeld (Stand 2004)

Linux Benutzerverwaltung mittels Active Directory

GRIN Verlag

Bibliografische Information der Deutschen Nationalbibliothek:

Die Deutsche Bibliothek verzeichnet diese Publikation in der Deutschen National-
bibliografie; detaillierte bibliografische Daten sind im Internet über http://dnb.d-
nb.de/ abrufbar.

Impressum:

Copyright © 2004 GRIN Verlag GmbH
Druck und Bindung: Books on Demand GmbH, Norderstedt Germany
ISBN: 978-3-640-87360-9

Dieses Buch bei GRIN:

http://www.grin.com/de/e-book/169049/benutzerverwaltung-im-heterogenen-
umfeld-stand-2004

GRIN - Your knowledge has value

Der GRIN Verlag publiziert seit 1998 wissenschaftliche Arbeiten von Studenten, Hochschullehrern und anderen Akademikern als eBook und gedrucktes Buch. Die Verlagswebsite www.grin.com ist die ideale Plattform zur Veröffentlichung von Hausarbeiten, Abschlussarbeiten, wissenschaftlichen Aufsätzen, Dissertationen und Fachbüchern.

Besuchen Sie uns im Internet:

http://www.grin.com/

http://www.facebook.com/grincom

http://www.twitter.com/grin_com

Untersuchung

Benutzerverwaltung im heterogenen Umfeld

von

Dominik Heinz

September 2004

Zusammenfassung

In fast allen Betrieben werden heutzutage heterogene Netzwerke betrieben. Als heterogene Umgebungen werden Netzwerkumgebungen bezeichnet, in denen Rechner mit verschiedenen Betriebsystemen kooperativ eingesetzt werden. Diese Architektur birgt große Probleme im Bereich der Benutzerverwaltung. Es ist standardmäßig nicht vorgesehen alle Benutzerkonten, die in einem heterogenen Netzwerk vorkommen, zentral über eine Einheit zu verwalten.

Um dies dennoch realisieren zu können wurde im Rahmen der Untersuchung eine heterogene Testumgebung aufgebaut. Um dabei mit einem Minimum an Ressourcen auszukommen, wurde diese Testumgebung mit virtuellen Systemen aufgebaut. Nachdem ein Überblick über die Dienste „OpenLDAP", „Active Directory" und „Network Information Service" vorhanden war, wurde der Microsoft Active Directory Server (ADS) als zentraler Verzeichnisserver gewählt. Basierend auf diesem Server wurde ein plattformübergreifendes Benutzerverwaltungssystem entwickelt.

Um während der Laufzeit dieser Umgebung eine Möglichkeit zu bieten, sämtliche Benutzer des heterogenen Umfelds von jedem beliebigen System aus zu verwalten wurde eine Web – basierte Oberfläche geplant, konzipiert und umgesetzt. Diese plattformunabhängige Oberfläche ermöglicht die Administration von gemischten Benutzerkonten (Benutzerkonten die gleichermaßen auf Windows – und Unix – Rechnern funktionieren), welche auf dem Active Directory Server abgelegt werden.

Glossar

AD	-	Active Directory
ADS	-	Active Directory Server
ASP	-	Active Server Pages
CN	-	Common Name
DAP	-	Directory Access Protocol
DC	-	Domain Controller
DES	-	Data Encryption Standard
DLL	-	Dynamic Link Library
DN	-	Distinguished Name
DNS	-	Domain Name Service
EDV	-	Elektronische Datenverarbeitung
IETF	-	Internet Engineering Task Force
IIS	-	Internet Information Service
IP	-	Internet Protocol
IT	-	Informationstechnologie
ITU-T	-	International Telecommunication Union
JSP	-	Java Server Pages
KDC	-	Key Distribution Center
KRB	-	Kerberos
LDAP	-	Lightweight Directory Access Protocol
MD5	-	Message Digest Algorithm 5
MMC	-	Microsoft Management Console
MS	-	Microsoft
MSDN	-	Microsoft Developer Network
NIS	-	Network Information Service
NSS	-	Name Service Switch
PAM	-	Pluggable Authentication Module
PHP	-	Hypertext Preprozessor
RC4	-	Ron's Chipher 4
RDC	-	Remote Desktop Connection
RPM	-	RedHat Package Manager
SSL	-	Secure Socket Layer
SSO	-	Single Sign On
TCP	-	Transport Control Protocol
TGT	-	Ticket Granting Service
UPN	-	Unified Principal Name

Inhalt

1   Einleitung

1.1   Problem in Unternehmensnetzwerken

1.1.1 Breiter Einsatz von EDV

In einem modernen Betrieb gibt es eine Vielzahl von Aufgaben, die mit Hilfe elektronischer Datenverarbeitung erledigt werden. Bei Aufgaben wie Datenverwaltung, interne Kommunikation und Entwicklung werden verschiedenste Software – Lösungen eingesetzt. Um diese betreiben zu können, müssen in der Praxis verschiedene Betriebssysteme eingesetzt werden, da solche Anwendungen in der Regel für ein bestimmtes Betriebssystem optimiert, und nur auf diesem lauffähig sind. Es gibt nur wenig speziell entwickelte sog. „plattformübergreifende" Software, die auf verschiedenen Betriebssystemen einsetzbar ist.

1.1.2 Einsatz heterogener Betriebssystemwelten

Um eine Tendenz festzustellen, welche Betriebssysteme am häufigsten eingesetzt werden gibt es eine Studie über IT – Budgets in Bezug auf Betriebssysteme. Diese ergibt, dass die Kombination aus Windows Systemen und Unix - basierten Systemen den größten Teil aller verwendeten Betriebssysteme bildet.

In einer Online-Befragung wurden zwischen Dezember 2003 und Januar 2004 insgesamt 496 IT - Manager und IT - Verantwortliche aus deutschen Unternehmen zu ihren Investitionsplänen für das laufende Jahr interviewt. Die Umfrage wurde von der „Informationweek" durchgeführt. Die Analyse der Daten erfolgte mit Unterstützung von Mummert Consulting. Die Studie ist unter www.mummert-consulting.de erhältlich.

Investitionspläne für Betriebssysteme: (Mehrfachnennungen möglich):

1. *Windows 2000 (82,5 Prozent)*
2. *Windows XP (70,0 Prozent)*
3. *Windows NT (52,8 Prozent)*
4. *Linux (51,4 Prozent)*
5. *Windows 98 (33,3 Prozent)*

6. *Unix (29,2 Prozent)*
7. *Windows Server 2003 (26,6 Prozent)*
8. *Novell Netware (20,4 Prozent)*
9. *Apple (Mac OS) (8,3 Prozent)*
10. *Windows 95 (7,9 Prozent)*
11. *Sonstige (14,5 Prozent)*

Werden Windows und Unix – basierte Systeme in einem gemeinsamen Netzwerk eingesetzt, spricht man von einem gemischten oder heterogenen Netzwerk.

1.1.3 Nachteile heterogener Betriebssystemwelten

In vielen Firmen, die ein heterogenes Netzwerk betreiben, ist eine Aufspaltung hinsichtlich der Benutzerverwaltung zu erkennen. Es gibt auf der einen Seite Windows – Rechner, mit einem eigenem Benutzerverwaltungsdienst und oftmals auch einer eigenen Abteilung für die Administration. Auf der anderen Seite stehen die Unix – basierten Systeme mit einem separaten Benutzerverwaltungsdienst. Diese Art der Benutzerverwaltung ist zwar einfach zu implementieren, zieht aber einige Nachteile nach sich.

- *Für Mitarbeiter, die auf beiden Systemen arbeiten wollen, müssen zwei separate Benutzerkonten angelegt werden.*
- *Mitarbeiter, die nur auf Windows Systemen arbeiten, haben keinen Zugriff auf Unix – Ressourcen.*
- *Mitarbeiter, die beide Systeme benutzen, müssen bei einer Passwortänderung diese Änderung auf beiden Systemen durchführen.*
- *Der Einsatz einer firmenweiten Groupware - Lösung lässt sich nicht an ein zentrales Benutzerverzeichnis koppeln.*
- *Die Daten der Mitarbeiter, die beide Systeme benutzen, werden doppelt gehalten, was nicht nur den doppelten Speicherplatz verbraucht sondern auch Konsistenzprobleme mit sich bringt.*

1.2   Einheitliche Benutzerverwaltung: Die Herausforderung

Der Herausforderung ist die Implementierung eines zentralen Benutzerverwaltungsdienstes, der sämtliche Benutzerkonten verwalten kann. Damit dieser in einem heterogenen Umfeld die Benutzer der Unix – basierten und Windows Systeme verwalten kann, ist eine tiefgreifende Konfigurationsarbeit notwendig. Mit einem solchen System ist jedoch die erste zentrale Vorgabe einer plattformübergreifenden Lösung erfüllt

Das Problem ist, dass derlei Dienste für spezielle Plattformen optimiert sind und dass es – normalerweise – nicht möglich ist, für Rechner mit verschiedenen Betriebssystemen Benutzerkonten einzurichten. Es muss also ein Weg gefunden werden, diese Rechner so zu konfigurieren, dass sie von einem Dienst verwaltet werden können. Außerdem müssen alle verschiedenen Typen von Benutzerkonten unterstützt werden.

Des weiteren muss es möglich sein, diese Konten von verschiedenen Betriebssystemen aus zu verwalten. Es soll die Option bestehen, von jedem beliebigen System aus die Benutzer zu verwalten, damit ein Administrator auf seinem bevorzugtem System arbeiten kann. Die zweite zentrale Vorgabe ist somit die Umsetzung einer plattformunabhängigen Benutzerverwaltungsoberfläche.

1.3   Lösungsvorschlag

1.3.1 Plattformübergreifende Lösung

Um eine plattformübergreifende Benutzerverwaltungslösung umzusetzen muss ein zentraler Verzeichnisserver aufgesetzt werden, der alle nötigen technischen Möglichkeiten bietet, um Windows und Unix – basierte Systeme zu verwalten, wofür diese Systeme in den Verzeichnisserver eingebunden werden müssen. Dabei ist es möglicherweise notwendig, das Windows – oder Unix – System mit notwendiger Zusatzsoftware auszustatten, die eine Einbindung ermöglicht.

1.3.2 Plattforumunabhängige Lösung

Eine Möglichkeit, eine spezielle Serveraufgabe plattformunabhängig zu administrieren, ist die Nutzung einer Web – basierten Lösung. Durch die Implementierung einer Web – basierten Oberfläche zur Administration dieses Verzeichnisdienstes wäre Vorgabe der plattformunabhängigen Administration erfüllt.

1.4   Vorgehensweise

Um eine Umsetzung dieser Lösung zu ermöglichen, muss eine Testumgebung aufgebaut werden. In dieser Testumgebung sollen die notwendigen Server und Clients installiert und vernetzt werden. Der Aufbau der Testumgebung umfasst die Wahl der Server – Betriebssysteme, die Wahl der Client – Betriebssysteme und auch die Wahl der möglicherweise benötigten Zusatzsoftware für die Clients. In einem weiteren Schritt sollen alle notwendigen Systeme aufgesetzt werden und mit der notwendigen Zusatzsoftware ausgestattet werden.

In dieser heterogenen Testumgebung wird ein zentraler Verzeichnisserver installiert, in dem die vorhandenen Windows und Unix - basierten Systeme eingebunden werden. Es muss ein Verzeichnisdienst gewählt werden, der alle benötigten Techniken und Protokolle für eine Umsetzung der plattformübergreifenden Lösung unterstützt.

Im nächsten Schritt wird geklärt, welche Modifikationen an diesem Verzeichnisserver und an den Client – Rechnern notwendig sind, um Windows – und Unix – Benutzerkonten anlegen zu können. Fener wird untersucht, ob mit den gegebenen Mitteln alle benötigten Benutzer – und Gruppenkonten angelegt werden können.

Um die Vorgabe der plattformunabhängigen Administration dieser Lösung zu erfüllen, wird im letzten Schritt eine Web - basierte Oberfläche konzipiert und umgesetzt, die es ermöglicht die Benutzerkonten auf dem Verzeichnisserver zu verwalten.

2   Grundlagen der Benutzerverwaltung

2.1   Begriffe

2.1.1 Single Sign On (SSO)

Der Begriff „Single Sign On" bedeutet „einmalige Anmeldung" und beschreibt den Vorgang der einmaligen Authentifizierung eines Benutzers für die Benutzung von verschiedenen Anwendungen und Rechnern. Der Benutzer muss sich nur einmal an einem Rechner anmelden und sein Passwort angeben. Die Authentifizierung bei weiteren Rechnern und Anwendungen wird von einem Mechanismus erledigt, der in der Lage ist, ohne weitere Sicherheitsabfragen beim Benutzer, dessen Authentizität zu garantieren.

2.2   Protokolle und Standards

2.2.1 Directory Access Protokoll – X.500

Der X.500 Standard wurde vom ITU-T entwickelt und beschreibt den Aufbau eines Verzeichnisdienstes. Dabei handelt es sich um einen sehr umfangreichen Standard, der eine Implementierung über den gesamten ISO/OSI – Stapel voraussetzt. Der X.500 Standard hat sich nicht durchgesetzt, da es sehr aufwendig und rechenintensiv ist, diesen zu implementieren.

2.2.2 ISO / OSI Referenzmodell

Das ISO/OSI – Referenzmodell ist die Grundlage für alle Netzwerkprotokolle, die derzeit eingesetzt werden. Die verschiedenen Protokolle werden ihren Aufgaben entsprechend in sieben Schichten unterteilt. Dabei nimmt der Abstraktionsgrad von Schicht zu Schicht zu. Jede der Schichten ist so konzipiert, dass sie die Aufgaben, die ihr zugeordnet sind, unabhängig von den anderen Schichten ausführen kann.

Die Schichten werden folgendermaßen betitelt:

- *Anwendungsschicht, Schicht 7, die oberste der sieben hierarchischen Schichten.*
- *Darstellungsschicht, Schicht 6.*
- *Sitzungsschicht, Schicht 5*
- *Transportschicht, Schicht 4*
- *Netzwerkschicht, Schicht 3*
- *Sicherungsschicht, Schicht 2*
- *Physikalische Schicht, Schicht 1, die niedrigste Schicht.*

Das Transport Control Protocol (TCP) beispielsweise liegt auf Schicht vier dieses Modells. Es ist ein Teil des Ethernet – Standards und somit weit verbreitet.

2.2.3 Lightweight Directory Access Protokoll – X.509

Das Lightweight Directory Access Protokoll – LDAP ist ein Protokoll, das eine Schnittstelle für den Zugriff auf einen hierarchischen Verzeichnisdienst beschreibt. Dabei erlaubt es das Eintragen, Modifizieren und Löschen eines Eintrags. Es ist nach dem Standard X.509 des IETF aufgebaut. Das LDAP Protokoll hat sich aus dem sehr komplexen Standard X.500 entwickelt und wird als „Lightweight" bezeichnet, weil es nur auf das sehr weit verbreitete TCP/IP – Modell aufsetzt und somit eine einfachere und schlankere Lösung darstellt als der X.500 Standard.

Basierend auf diesem Protokoll haben viele Firmen und Entwicklergruppen Verzeichnisdienste implementiert, die ihre Daten in einer relationalen Datenbank halten. Die Begriffe „LDAP – Verzeichnisserver" oder „LDAP – Verzeichnisdienst" sind etwas verwirrend, da LDAP selbst keine Daten speichern oder verwalten kann, sondern nur eine Schnittstelle darstellt. Mittlerweile sind aber Verzeichnisdienste so fest mit dem LDAP – Protokoll gekoppelt, dass die oben genannten Begriff sich dennoch langsam durchsetzen.

Jeder LDAP – basierte Verzeichnisdienst unterliegt einer fest definierten hierarchischen Struktur, welche in den LDAP – Schemata fest definiert ist. Jedes Schema definiert wiederum Objektklassen, die die Typen der einzelnen Einträge beschreiben. Für jeden Eintrag wird sein erlaubtes Attribut - Set durch genau eine Klasse definiert und mit einem eindeutigem Namen versehen, dem „Distinguished Name" – DN.

2.2.3.1   Distinguished Name - DN

Jedem Eintrag (Objekt) wird ein eindeutiger DN zugewiesen, welcher sich aus dem hierarchischen Pfad des Objekts und aus dem Objekt selbst zusammensetzt. Als Wurzel – Objekt wird dabei die Wurzel - Domäne des Verzeichnisservers gewählt und ausgehend von dieser Wurzel der gesamte Pfad angegeben. Beispielsweise hat der Benutzer „Ahlfons", der im Container „Users" auf einem Server mit dem Wurzel – Objekt „Domain.com" folgenden DN:

CN=Ahlfons,CN=Users,DC=Domain,DC=com

Die vorangesellten Kürzel (CN, DN, DC) sind Abkürzungen der im Verzeichnisdienst vorkommenden Attribute.

2.2.3.2   Attribute

In jedem Objekt können verschiedene Informationen abgelegt werden. Bei einem Benutzerkonto beispielsweise können sich Daten wie die Telefonnummer, die Adresse und die Email – Adresse des Benutzers speichern lassen. Auch Systemangaben wie „Heimat – Verzeichnis" oder „Gruppen – Nummer". Dabei muss jedoch für jede mögliche Information ein Attribut existieren.

Jedes mögliche Attribut hat einen bestimmten Typ und einen oder mehrere Werte. Dabei wird jedes Attribut mit einem einprägsamen Kürzel wie beispielsweise CN für „Common Name", DC für „Domain Controller" oder O für „Organisation" beschrieben. Die möglichen Werte der verschiedenen Attribute und die möglichen Attribute selbst werden im LDAP Schema definiert.

2.2.3.3   LDAP Schema

Im LDAP Schema werden die Hierarchie des LDAP – Servers und die Attribute der alle möglichen Objekte definiert.
Da das LDAP – Protokoll plattformübergreifend verfügbar ist, gibt es eine Vielzahl an verschiedenen Implementierungen, die alle eigene Schemata verwenden. Die Vorstellung eines globalen, allumfassenden Verzeichnisdienstes ist somit nicht realistisch. LDAP - Server werden als zentraler Verzeichnisdienst für verschiedene Zwecke in verschiedenen Größen eingesetzt, die Objekt-Hierarchie bleibt aber in der Regel auf eine Organisation beschränkt.

2.2.4 Kerberos

Das Kerberos Protokoll wurde vor über einem Jahrzehnt im MIT (Massachusetts Institute of Technology) entwickelt. Die Hauptaufgabe von Kerberos ist es, in ungesicherten Netzwerken mit gesicherten Rechnern eine vertrauenswürdige Authentifizierung zu bieten. Dabei gibt es drei Parteien: Den Client, den Server und den Kerberos – Server. Bei dem Kerberos System wird jede dieser drei Parteien gegenüber der anderen authentifiziert.

Der Kerberos – Server vergibt sogenannte „Tickets" die Clients für weitere Authentifizierungsschritte nutzen können, weswegen wird der Kerberos – Server als „Key Distribution Center" KDC bezeichnet wird. Ein KDC hat die Aufgabe, vertrauenswürdige Schlüssel (Tickets) zu verteilen. Damit ein KDC vertrauenswürdige Schlüssel ausstellen kann muss er von einer höheren Instanz als vertrauenswürdig eingestuft, oder selbst als höchste Instanz deklariert werden.

Jeder Client, der über einen Kerberos – Dienst authentifiziert werden muss, wird von einem sogenannten „User Principal Name" – UPN identifiziert. Dieser UPN besteht auf dem Benutzernamen und der Domäne des ADS, getrennt durch ein „@". Der User Principal Name ist somit die Email – Adresse des Benutzers.

Am Anfang einer Sitzung muss der Client während der Anmeldung ein solches Ticket anfordern. Um diese zu bekommen muss er einmalig ein Passwort eingeben, für weitere Tickets steht ihm dann der TGT – „Ticket Granting Service" zur Verfügung, der je nach Bedarf weitere Tickets für verschiedene Anwendungen oder Betriebssystem – Anmeldungen vergibt. Kerberos unterstützt somit eine SSO – Funktionalität.

Jeder Kerberos – Server ist für seinen Bereich, den sogenannten „Realm" zuständig. Ein solcher Bereich ist normalerweise eine einzelne Domäne. Da ein Rechner in nur maximal einer Domäne vorhanden sein darf, kann ein Kerberos – Server nur die Rechner verwalten, die in seiner Domäne liegen. Es ist allerdings möglich zwischen zwei Domänen eine Kerberos – Vertrauensstellung zu erstellen um damit eine authentifizierung über die Grenzen einer Domäne hinweg zu gewährleisten.

Es gibt zwei Implementierungen von Kerberos.

- *Heimdal Kerberos - http://www.pdc.kth.se/heimdal*
- *Die Implementierung des Massachusetts Institute of Technology – MIT Kerberos - http://web.mit.edu/kerberos/www/*

Damit ein Netzwerkdienst Kerberos nutzen kann ist es nötig, dass der Dienst in der Lage ist mit Kerberos - Tickets umzugehen. Auf dem Server und Client Rechner muss jeweils ein Kerberos - Client installiert und konfiguriert sein. Sowohl die Client- als auch die Server - Software muss Kerberos unterstützen. Für die aktuelle Kerberos Version 5 müssen Client, Server und Kerberos-Server ein gemeinsames Verschlüsselungs- und Prüfsummenverfahren unterstützen.

2.3 Dienste

2.3.1 Verzeichnisdienst

Ein Verzeichnisdienst ist ein zentraler Server, der von allen in einem Betrieb vorkommenden Objekten (wie Organisationen, Organisationseinheiten, Gruppen, Abteilungen, Personen, Rechner, Drucker, etc...) beliebige Attribute (wie Name, Bezeichnung, Adresse, Mitglieder etc...) speichern kann. Da sich im Bereich der Verzeichnisdienste das LDAP – Protokoll durchgesetzt hat, werden die Daten gemäß diesem Standard abgelegt und verwaltet.

Ein Verzeichnisdienst sind darüber hinaus meistens mit einem Authentifizierungsdienst gekoppelt, womit er sich als zentraler Authentifizierungsserver einsetzen lässt.

2.3.2 Microsoft Active Directory

Microsoft Active Directory (AD) ist ein Verzeichnisdienst, der auf dem LDAP – Protokoll aufsetzt und die Daten in einer X.500 – basierten Hierarchie ablegt. AD unterstützt Kerberos als Netzwerk - Authentifizierungsdienst. Es werden allerdings nur RC4 und DES – Verschlüsselung unterstützt, was den Active Directory Server verwundbar für Angriffe macht.

Der Active Directory Server ist bei den Betriebssystemen

- *Microsoft Windows 2000 Server*
- *Microsoft Windows Server 2003*

integriert.

Wie im Kapitel Kerberos beschrieben funktioniert die Authentifizierung der Benutzer über den „Ticket Granting Service" TGT. Dabei kann der ADS (Active Directory Server) nur die Rechner verwalten, die sich in seinem Bereich (Realm) befinden. Da jeder Bereich mit einer Domäne beschrieben wird, muss also jeder Rechner, der verwaltet werden soll, in die Domäne des Kerberos – Servers eingebunden werden.

Ein Beispiel soll die Arbeitsweise des ADS - Authentifizierungsdienstes näher erläutern:

Möchte sich ein Benutzer direkt an seiner Workstation, die sich im Bereich des ADS befindet, anmelden, so verbindet sich die Workstation mit dem ADS und sendet die Benutzerkennung an den Server. Dieser prüft, ob der Benutzername vorhanden ist und sendet eine Anfrage auf das entsprechende Passwort. Nach erfolgreicher Authentifizierung wird der Benutzer autorisiert und bekommt ein Ticket für die Benutzung der Workstation und den sich darauf befindlichen Programmen.

Abbildung 1 - Authentifizierung über Verzeichnisdienst

Möchte sich dieser Benutzer nun von seiner Workstation remote auf beispielsweise einem Application Server anmelden, so läuft auch hier der gesamte Prozess über den ADS. Der Benutzer versucht auf den Application Server zuzugreifen und stellt damit eine Anfrage an den ADS womit er automatisch ein neues Ticket für die Authentifizierung anfordert. Befindet sich der Application Server im Bereich (Realm) des ADS Server, so kann der ADS für den Benutzer ein passendes Ticket für die Authentifizierung an dem Application Server ausstellen.

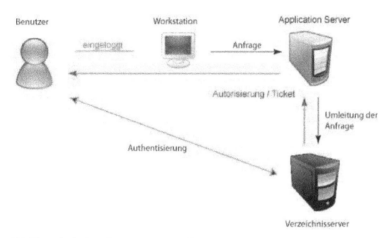

Abbildung 2 - Authentifizierung durch ADS - Kerberos

2.3.2.1   Microsoft Management Console - MMC

Die Microsoft Management Console (MMC) ist eine Strategie von Microsoft, eine dem Windows – Explorer ähnliche Oberfläche zu bieten, bei der sich alle auf dem Server befindlichen Microsoft Produkte zentral verwalten lassen. Jeder Dienst und jede Funktion wird dabei von einem passendem „Snap – In" aus verwaltet. Beispielsweise gibt es für die Verwaltung des ADS vier entsprechende Snap – Ins die eingebunden werden können:

1. *Active Directory Benutzer und Gruppen*
2. *Active Directory Domänen und Vertrauensstellungen*
3. *Active Directory Standorte und Dienste*
4. *Active Directory Schema*

2.3.2.2   Passwortprotokolle und Techniken

Das Passwort wird bei einem ADS in einem verstecktem Attribut gespeichert. Dieses Attribut heißt „unicodePwd" und kann nicht ausgelesen werden. Es kann lediglich gesetzt oder überschrieben werden. Wie der Name bereits suggeriert, wird das Passwort im Unicode – Format kodiert.

Ändern kann das Passwort jeder, der die entsprechende Berechtigung hierfür besitzt. Also der Benutzer selbst oder ein Administrator. Da jedes Betriebssystem und der Verzeichnisserver verschiedene Techniken benutzen, um ein Passwort zu setzen, müssen alle dazu notwendigen Protokolle und Techniken unterstützt werden. Der ADS unterstützt sechs:

1. Das NetUserChangePassword Protokoll
2. Das NetUserSetInfo Protokoll
3. Das Kerberos change-password Protokoll (IETF – Standardisiert)
4. Das Kerberos set-password Protokoll (Port 464)
5. Das LDAP – Protokoll (nur über 128 Bit SSL Verbindungen)
6. Die XACT-SMB pre – Windows NT Kompatibilität

Je nachdem, von welchem Betriebssystem aus über welche Technik zugegriffen wird, wird ein entsprechendes Protokoll genutzt. Ein Windows Server horcht auf allen sechs Protokollen nach gewünschten Passwortänderungen. Die Wahl der verschiedenen Protokolle soll in einigen Beispielen näher erläutert werden:

- Möchte ein Windows 2000 / XP Benutzer sein Passwort ändern indem er die Tastenkombination STRG+ALT+ENTF drückt und auf „Passwort ändern" klickt, so wird die NetUserChangePassword Methode angewandt, falls das Ziel eine Domäne ist. Ist das Ziel eine Kerberos – Umgebung so wird die Methode 5 angewandt.
- Möchte ein Rechner mit dem Betriebssystem Windows NT 3.xoder 4.0 sein Passwort ändern, so werden die ersten beiden Methoden benutzt.
- Anfragen zur Passwortänderung von Computern mit Windows 95 oder 98 nutzen die XACT-SMB Methode. (6)
- Ein Programm, das die „ChangePassword" Methode über das Active Directory Service Interface (ADSI) IaDSUser Interface versucht zuerst das LDAP Protokoll (Methode 5) und dann das NetUserChangePassword Protokoll (Methode 1) zu nutzen.

- Ein Programm, das die „SetPassword" Methode über das ADSI IaDSUser Interfacde zu ändern, versucht erst das Passwort über LDAP (Methode 5), dann über das Kerberos „set-password" Protokoll (Methode 4) und schlussendlich über das „NetUserSetInfo" Protokoll (Methode 2) das Passwort zu setzen.
- Das Active Directory „Benutzer und Computer" - SnapIn der Windows Management Konsole nutzt ADSI – Operationen zur Passwortänderungen
- Ein Unix – Rechner nutzt je nach Konfiguration die SetPassword – Protokolle mittels LDAP oder Kerberos.

2.3.2.3   Namensauflösung

Um die Namensauflösung in die IP – Adressen umzusetzen nutzt ein ADS einen „Domain Name Service" – DNS.

2.3.3 Domain Name Service - DNS

Ein DNS – Server verwaltet Namensräume von Rechnern. Die Hauptaufgabe eines DNS Servers ist die Auflösung von Rechnernamen wie „proldap" in IP – Adressen wie „10.0.213.32" und umgekehrt. Ein solcher Server ist vergleichbar mit einem Telefonbuch, das die Namen der Personen den entsprechenden Telefonnummern gegenüberstellt.

2.3.4 Internet Information Service - IIS

Die Microsoft Internet Information Services sind eine Sammlung von Diensten um Web -, FTP -, SMTP -, WebDAV - und Index – Server für das Internet oder ein Intranet bereitzustellen. Im Rahmen dieser Untersuchung wird allerdings nur der Werbserver der Internet Information Services genutzt.

Standardmäßig wird der IIS dazu verwendet um Microsofts Active Server Pages (ASP) darzustellen. Es ist allerdings möglich, weitere Interpretersprachen wie PHP (Hypertext Präprozessor) einzubinden.

2.3.5 Hypertext Präprozessor- PHP

PHP (rekursives Akronym für "PHP Hypertext Präprozessor") ist eine Skriptsprache mit einer an C bzw. Perl angelehnten Syntax, die hauptsächlich zur Erstellung dynamischer Webseiten verwendet wird.

Die PHP – Skripte werden auf dem Server abgelegt. Stellt ein Besucher die Anfrage auf eine bestimmte Seite, so wird diese in den Interpreter geladen und zuerst eingelesen (geparsed). Im Interpreter werden alle im Skript definierten Funktionen ausgeführt (Datenbank – Zugriffe, Algorithmen etc...) und als Ausgabe reines HTML generiert, welches an den Besucher verschickt wird. Der Besucher hat somit keine Möglichkeit den Quelltext einzusehen.

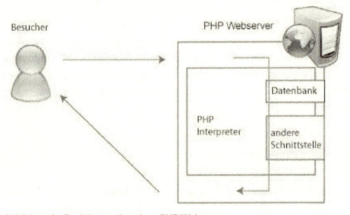

Abbildung 3 - Funktionsweise eines PHP Webservers

2.4   Unix

Unix ist heutzutage ein Oberbegriff von einer Vielzahl von Betriebssystemen. Im Laufe der Zeit haben sich von dem ursprünglichen von AT&T entwickeltem Unix – Entwurf eine Vielzahl von Derivaten entwickelt. Zu den bekanntesten Systemen zählen:

- *HP UX (Hewlett Packard)*
- *AIX (IBM)*
- *Linux*
- *Solaris (Sun)*
- *Mac OS X (Apple)*

2.4.1 lokale Benutzerverwaltung

Bei Linux und Unix unterscheidet sich die Benutzerverwaltung nur im Detail. Im Prinzip und im Aufbau funktionieren sie gleich.

Bei einem Unix – basierten System werden alle Benutzer und mit einer eindeutigen Nummer identifiziert. Dabei wird zwischen einer Benutzerkontennummer (der uidnumber) und einer Gruppenkontennummer (der gidnumber) unterschieden. Ferner wird für die Erstellung dieser Nummer kein besonderer Algorithmus angewendet. Der Administrator kann diese Nummer frei wählen.

Die Benutzer werden in der Datei „/etc/passwd" gespeichert. Dabei wird jeder Benutzer in eine Zeile geschrieben. Die einzelnen Attribute eines Benutzers (Name, Gruppe, Passwort, etc...) werden durch „:" getrennt hintereinander angegeben. Um die Sicherheit des Systems zu erhöhen, kann das Passwort in einer separaten Datei, der sogenannten „Shadow – Datei" (/etc/shadow) abgelegt werden. Dort werden die Passworte nicht in Klartext, sondern mittels MD5 verschlüssel abgelegt.

Analog dazu werden die Gruppenkonten in der Datei „/etc/group" gehalten.

2.4.2 Name Service Switch - NSS

Der Name Service Switch (NSS) ist in jedem Unix – basierten System vorhanden und definiert, für welche Betriebssystemfunktion welche Dienste genutzt werden sollen. Im Beispiel der Benutzerverwaltung wird hier angegeben, welchen Namensdienst die lokale Benutzerverwaltung nutzen soll. In Frage kommen dabei beispielsweise die lokalen Dateien (passwd / group – files), ein LDAP – oder ein NIS – Server.

Das NSS wird über eine textbasierte Konfigurationsdatei (etc/nsswitch.conf) eingestellt. In dieser Datei wird definiert, Welche der Namensdienste (lokale Dateien, DNS – Server, NIS – Server) in welcher Reihenfolge für welche Dienste genutzt werden sollen.

2.4.3 Pluggable Authentication Module - PAM

PA – Module sind Schnittstellen. Sie bieten Programmen, die eine Benutzeridentifikation benötigen die Authentifizierungsdaten des angemeldeten Benutzers. Dabei beziehen sie diese Daten wahlweise von der lokalen „passwd" – Datei, von einem NIS Server oder einem geschütztem System. Die Programme, die wiederum von PAM die Authentifizierungsdaten beziehen wissen nicht, woher das PA – Modul diese Daten nimmt. PAM bietet also die Möglichkeit, verschiedene Authentifizierungsmechanismen einzusetzen ohne die verwendeten Applikationen anpassen zu müssen.

3   Projektrelevante Software

3.1 Betriebssysteme

3.1.1 Microsoft Windows Server

Wie oben angegeben ist der ADS in den Betriebssystemen MS Windows 2000 Server und MS Windows Server 2003 enthalten. Da der Windows Server 2003 gegenüber dem 2000 Server eine Vielzahl an Neuerungen und Änderungen erfahren hat, wird für den weiteren Verlauf der Server 2003 verwendet.

Weiterhin bietet der Windows Server 2003 den Webserver IIS in der Version 6, der im späteren Verlauf für die Entwicklung der Benutzerverwaltungsoberfläche verwendet wird.

Die Verwaltung des Windows Server funktioniert komplett über die MMC – Konsole, die in der Version 2.0 vorhanden ist. Über diese Konsole lassen sich unter anderem der ADS und der IIS administrieren.

3.1.2 Unix – basiertes System

Die verschiedenen Unix – basierten Systeme werden meistens für eine spezielle Prozessor – Architektur entwickelt. Da die Hardware der Testumgebung mit einem x86 – basierten Prozessor ausgestattet ist muss ein entsprechendes Unix – basiertes System verwendet werden.
Das günstigste System ist in diesem Fall Linux. Im späteren Verlauf soll dieses Linux – System mit einer Zusatzsoftware ausgestattet werden, die nicht alle Distributionen unterstützt, weswegen eine spezielle Linux – Distribution gewählt werden muss. Der Enterprise Server AS 3.0 von RedHat erfüllt die Anforderungen der Zusatzsoftware, die im weiteren Verlauf beschrieben wird.

3.1.3 Microsoft Windows Client

Microsoft Windows XP Professional ist ein weit verbreitetes Client – Betriebssystem, das sich auf dem Desktop – Bereich nahezu durchgesetzt hat. Das Betriebssystem bietet Kerberos – Unterstützung und ist damit für den weiteren Verlauf relevant.

3.2 Verzeichnisdienste

3.2.1 Network Information Service - NIS

Der Network Information Service – NIS ist ein Verzeichnisdienst, zur Verteilung von Konfigurationsdaten wie Benutzernamen oder Rechnernamen in einem Computernetzwerk. NIS entstand bei Sun Microsystems als "Yellow Pages" (YP) Client - Server Protokoll.

Der NIS kann genutzt werden, um in einem Unix – basiertem Netzwerk textbasierte Konfigurationsdateien auf den Rechnern konsistent zu halten. Die Dateien, die auf den Rechnern konsistent gehalten werden sollen, werden in einer sogenannten „NIS – Map" aufgelistet und auf einem zentralen Server als Referenz abgelegt. Die Unix – Maschinen, die diese Informationen beziehen, setzen dann spezielle Suchanfragen ab.

Da unter Unix – basierten Systemen die Benutzerkonten und Gruppenkonten in textbasierten Dateien abgelegt werden, können auch diese mit einem NIS – Server zentralisiert werden.

Da ein NIS Server nicht auf dem LDAP – Protokoll basiert ist er nur für den Einsatz im Unix – Bereich interessant. Des weiteren fehlt die Unterstützung eines plattformübergreifenden Authentifizierungsdienstes womit dieses System auch für die Umsetzung einer SSO – Lösung nicht interessant ist.

3.2.2 OpenLDAP

Der OpenLDAP Server ist eine freie Verzeichnisserver Implementierung die, wie der Name suggeriert, auf dem LDAP – Protokoll aufsetzt. OpenLDAP wird normalerweise unter einem Unix – basierten System (meistens Linux) eingesetzt, ist aber auch für

Windows verfügbar. Als Authentifizierungsdienst werden bei OpenLDAP PA – Module eingesetzt, was für die Implementierung einer plattformübergreifenden SSO – Lösung nicht geeignet ist.

Die Installation eines OpenLDAP Servers gestaltet sich für Administratoren, deren Spezialgebiet das LDAP – Protokoll nicht beinhaltet, als sehr schwierig. Nach der Installation muss die Konfigurationsdatei „ldap.conf" von Hand editiert werden und es müssen Administratorenrechte vergeben werden. Diese Vorgehensweise ist zwar für versierte Anwender sehr übersichtlich, für Administratoren, deren Fachwissen nicht auf die LDAP – Technologie konzentriert ist, eher ein Hindernis.

Für die Administration des OpenLDAP – Servers gibt es keine Benutzeroberfläche im „Lieferumfang". Der Administrator muss sich der Software eines Drittanbieters bedienen, die mitunter nicht vollständig kompatibel ist. Alternativ können sämtliche Einträge manuell über die Text - Konsole eingetragen oder geändert werden.

Der große Vorteil dieser Lösung ist das Kosten - / Lizenzmodell. Es ist komplett kostenlos.

3.2.3 Microsoft Active Directory

Durch die weite Verbreitung des MS Windows Server benutzen sehr viele Firmen einen Active Directory Server (ADS) als zentralen Verzeichnisdienst. In den Grundlagen wurde beschrieben, dass der ADS auf dem LDAP – Protokoll basiert und als Authentifizierungsmechanismus Kerberos unterstützt. Und genau hier liegen die stärken des ADS:

- *Das LDAP – basierte hierarchische System bietet einen schnellen Zugriff bei Suchvorgängen und eine übersichtliche Ablage der einzelnen Objekte. Des weiteren können durch die LDAP – Schnittstelle zusätzliche Programme für die Verwaltung der AD – Objekte benutzt oder entwickelt werden.*
- *Durch die Unterstützung von Kerberos bieten sich erweiterte Möglichkeiten der Interoperabilität. Da Kerberos für eine Vielzahl von Plattformen verfügbar ist, ist hier die Entwicklung einer plattformübergreifenden SSO – Lösung möglich.*

Ein weiterer großer Vorteil ist die einfache Installation eines ADS. In der Systemsteuerung des Windows Server 2003 muss in der entsprechenden Software – Kategorie der ADS angeklickt werden. Danach werden in einem Installation – Wizard die Angaben zu Basiskonfiguration des Servers gemacht. Abgefragt werden unter anderem die Basisdomäne, das Passwort des Domänenadministrators und ob bereits Domänen vorhanden sind, zu denen einen Vertrauensstellung hergestellt werden soll. Da für die korrekte Funktionsweise des ADS noch ein DNS benötigt wird, wird dieser vollautomatisch installiert und entsprechend konfiguriert.

Die Verwaltung funktioniert übersichtlich und komfortabel über die oben beschriebene MMC – Snap Ins.

Die Lizenzkosten eines ADS richtet sich nach der Zahl der Benutzer, die damit verwaltet werden sollen.

3.3   Vintela Authentication Software – VAS

Vintela ist ein IT – Untenehmen, das verschiedene Lösungen anbietet, die die Arbeit mit heterogenen Netzwerken vereinfachen sollen. Für diesen Bereich gibt es eine Reihe von Produkten, welche die Integration und Interoperabilität in einem solchen gemischten Umfeld verbessern sollen.

Eines der wichtigsten Produkte ist hierbei die „Vintela Authentication Software" – VAS. Diese Software ermöglicht es, mit einem Unix – basierten System das Authentifizierungssystem der Active Directory zu nutzen. Da Kerberos die Basis des AD Authentifizierungssystem darstellt, handelt es sich hier um ein Produkt, das einen Kerberos – Dienst auf dem Unix – System einsetzt. Diese von Vintela angebotene Software wird ebenfalls von SCO (http://www.sco.com/) unter dem Namen „SCO Authentication" oder „Vintela Authentication for SCO" vermarktet.

Der Funktionsumfang des Tools wird wie folgt beschrieben:
- *Zentralisierte Verwaltung von Benutzer – und Gruppenkonten mittels AD für Windows, Linux und Unix Maschinen*
- *Authentifizierung und Autorisierung in Echtzeit in einem heterogenen Netzwerk*
- *Übernahme der AD Passwort – Sicherheitsrichtlinien für Unix – basierte Systeme*

Dieses Programm wird in Kapitel 5 verwendet, um die SSO – Lösung umzusetzen. In diesem Kapitel wird die Funktionsweise des VAS im Detail erklärt. Des weitern wird untersucht, ob die VA – Software für die Umsetzung eines plattformübergreifenden und plattformunabhängigen Benutzerverwaltungsdienst ausreicht.

3.4 Testen der Lösung

Nach der Umsetzung der VAS – Lösung soll die heterogene Umgebung auf die von Vintela angegebenen Funktionen getestet werden. Der Test soll von einem Windows und von einem Unix – basierten System aus durchgeführt werden.

3.4.1 Verbindung zu einem Windows System

Um die Benutzerverwaltungslösung auf Windows – Ebene zu testen wird der MS Windows Client in den ADS eingebunden. Auf diese Weise kann direkt bei der Anmeldung an das System getestet werden, ob der Rechner korrekt in die AD eingebunden wurde und die AD – Benutzer verfügbar sind.

3.4.2 Verbindung zu einem Unix – basierten System

Um die SSO – Lösung auf Unix – Ebene zu testen wird das Unix - System in den ADS eingebunden. Dort kann dann direkt in der Konsole getestet werden, ob der vorhandene Benutzer Zugriff auf das System hat und ob der Rechner korrekt in die AD eingebunden wurde und die AD – Benutzer verfügbar sind.

4 Testumgebung

4.1 Hardware

Um die Testumgebung umzusetzen steht folgende Hardware zur Verfügung:

Server

IBM Netfinity 5500 M20 Server

Dual Pentium 550 Mhz
Arbeitsspeicher: 512 MB
Festplatten: 2x 9 GB SCSI Raid 0
Netzwerk: 2x 10/100 Mbit

Client

IBM Thinkpad 390 x

Intel Pentium III – 400 Mhz
Arbeitsspeicher 128 MB
Festplatte: 30 GB IDE
Netzwerk: 10/100 MBit

4.2 Virtualisierung

In der geplanten Umgebung soll ein Benutzerverwaltungsdienst umgesetzt und getestet werden. Bei dieser Aufgabe werden mehrere Server benötigt, die jedoch durch ihre Aufgabe eine geringe Server - Performance voraussetzen. Um ein heterogenes Umfeld zu simulieren, ist es notwendig mindestens zwei Server mit unterschiedlichen Betriebssystemen aufzusetzen. Um Ressourcen zu sparen werden diese benötigten Systeme in sogenannten „virtuellen Maschinen" installiert. Bei dieser Vorgehensweise wird nicht nur zusätzliche Hardware gespart, es wird auch die vorhandenen Hardware deutlich besser ausgelastet.

4.2.1 VMware ESX Server

Der VMware ESX Server ist eine im Bereich der Virtualisierung etablierte Software. Bei diesem System werden auf Basis eines angepassten RedHat Linux Systems komplette virtuelle Rechner simuliert. Diese simulierte Hardware greift über spezielle Schnittstellen auf die echte, physische Hardware zu.

Das System bietet die Möglichkeit, mehrere Betriebssysteme parallel auf einem physischen Server zu betreiben. Dabei wird nicht nur zusätzliche Hardware für den Testbetrieb eingespart, es ist zudem ein übersichtliches Verwaltungsinterface für die eingesetzten Systeme verfügbar. Des weiteren können Hardware – Ressourcen wie Arbeitsspeicher oder Prozessoren gezielt vergeben werden

4.3   Setup der Testsysteme

Da die heterogene Testumgebung auf virtuellen Maschinen installiert werden soll, müssen die verschiedenen Systeme in einer bestimmten Reihenfolge aufgesetzt werden:

1. Zuerst muss der VMware Server installiert werden. Dieser wird auf dem IBM M20 Server direkt aufgesetzt. Der VMware Server erhält den Rechnernamen „ebislinux02".
2. Im Verwaltungsinterface werden nun eine virtuelle Maschine für den Windows Server 2003 und eine zweite virtuelle Maschine für das Linux System von RedHat erstellt. Diese Maschinen werden nacheinander installiert um Ressourcenkonflikte bei den Installationsmedien zu verweiden.
3. Der Windows Server 2003 wird auf der ersten virtuellen Maschine installiert und mit dem Rechnername „proldap" betitelt.

4. Danach wird der RedHat Linux Server AS 3 auf der zweiten virtuellen
   Maschine aufgesetzt und mit dem Rechnername „tuxldap" betitelt.

Nach dieser Prozedur müssen die virtuellen Maschinen noch mit den sogenannten
„VMware – Tools" ausgestattet werden um ein höheres Maß an Performance zu
erreichen.

Das Windows Client System wird auf dem IBM 390X Thinkpad installiert. Das
Thinkpad bietet die dafür benötigte Performance und ist für die Aufgabe der Windows
Client Testmaschine geeignet.

Es steht nun die benötigte Testumgebung zur Verfügung:

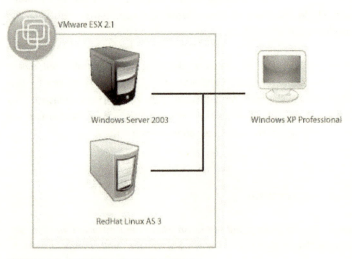

Abbildung 4 - Architektur der Testumgebung

4.4   Vernetzung der Testsysteme

Die Systeme werden mit dem Protokoll TCP/IP vernetzt und mit festen IP – Adressen
ausgestattet.

Um die virtuellen Systeme in das physische Netzwerk einzubinden, welches der
VMware Server und der Windows Client nutzen, ist die Installation einer zusätzlichen
Netzwerkkarte in dem IBM M20 Server notwendig. Diese Netzwerkkarte kann dann

von der Virtualisierungssoftware für die beiden virtuellen Maschinen bereitgestellt
werden

Folgende Netzwerkeinstellungen werden verwendet:.

System	Rechnername	IP – Adresse / Subnetz
VMware ESX	Ebislinux02	10.0.213.22 / 255.255.255.0
Windows 2003 Server	Proldap	10.0.213.32 / 255.255.255.0
RedHAt AS EE 3	Tuxldap	10.0.213.30 / 255.255.255.0
Windows XP	P2pp01842	10.0.13.112 / 255.255.255.0

4.5 Installation der Server - Komponenten

Auf dem Windows Server 2003 werden die für den späteren Verlauf benötigten
Server – Komponenten installiert. Diese Dienste sind bei der eingesetzten Server –
Edition „Enterprise Edition" bereits enthalten. Im Detail wird:

- Der Microsoft Active Directory Server, der als zentraler Verzeichnisdienst des
  heterogenen Umfelds der Testumgebung fungieren soll, installiert und
  komplett für den Einsatz konfiguriert. Als Domänenname wird der Name
  „anderson.test" gewählt.
- Der Domain Name Service, der vom MS ADS genutzt wird um die
  Namensauflösung durchzuführen, installiert und für die reibungslose Funktion
  mit der AD konfiguriert. Dabei muss beispielsweise beachtet werden, dass der
  DNS Server automatische Updates vom ADS akzeptiert.
- Der Internet Information Server wird installiert und für den weiteren Verlauf mit
  der Unterstützung von PHP ausgestattet.

5   Plattformübergreifende Benutzerverwaltung

Um die plattformübergreifende Benutzerverwaltung umzusetzen, wird als zentraler Verzeichnisserver der MS Active Directory Server eingesetzt. Dieser Dienst wird gewählt, weil er neben seiner weiten Verbreitung in Unternehmensnetzwerken die für die Lösung notwendigen Techniken unterstützt:

- *Da der Server auf dem LDAP – Standard basiert, kann im weiteren Verlauf eine Oberfläche implementiert werden, die über diese Schnittstelle auf den ADS zugreift.*
- *Durch die Unterstützung von Kerberos – Authentifizierung kann eine SSO – Lösung umgesetzt werden, da Kerberos auch für Unix – basierte Systeme verfügbar ist.*

Die Einbindung und Verwaltung von Windows - Rechnern und Benutzern wird von AD unterstützt. Da der Dienst für Windows – Betriebssysteme konzipiert ist, ist an den Windows Rechnern keine Konfigurationsarbeit notwendig. Dieses Kapitel konzentriert sich daher auf die Einbindung von Unix – basierten Maschinen - und Benutzerkonten.

5.2   Vorgaben zur Umsetzung

5.2.1 Unix – Maschinenkonto in MS AD

Die erste Vorgabe ist, dass der Unix – basierte Rechner in die MS AD eingebunden werden muss. Dies ist normalerweise nicht möglich. Grundsätzlich kann das Problem von zwei verschiedenen Richtungen angegangen werden:

1. *Der Active Directory kann derart umgestellt werden, dass er einen Unix – basierten Server einbinden kann und dessen Authentifizierungssystem nutzt.*
2. *Der Unix – basierte – Server wird so konfiguriert, dass er sich wie ein Windows – Rechner in die Active Directory einbinden lässt und dessen Authentifizierungssystem benutzt.*

Sollte die im folgenden beschriebene Vorgehensweise in einem produktiven System eingesetzt werden, so muss davon ausgegangen werden, dass der ADS eine zentrale Position im Unternehmensnetzwerk einnimmt und nur minimal verändert werden darf. Jede Änderungen könnte ungeahnte Nebenwirkungen zeigen und eventuelle Geschäftsprozesse stören. Es wird daher die Strategie gewählt, die einen minimalen Änderungsaufwand am Server voraussetzt. In diesem Fall die Zweite.

5.2.2 Unix – Benutzer in MS AD

Da der Active Directory das LDAP – Protokoll benutzt, ist er nach dessen Schema aufgebaut. Das heißt, dass alle Benutzerkonten und alle Gruppenkonten von jeweils einer bestimmten Klasse fest definiert werden. Ein Benutzerkonto hat folglich ein fest vorgegebenes Set an Attributen, das genau an ein Windows Benutzerkonto angepasst ist. Für jede Kontoeigenschaft und jede Kontoinformation, die bei einem AD Benutzerkonto vorkommen gibt es ein vordefiniertes Attribut.

Unix benutzt für die lokale Benutzerverwaltung ein komplett anderes System. Es muss daher im weiteren Verlauf eine komplette Analyse eines Windows – und eines Unix – Benutzerkontos durchgeführt werden, um notwendige Änderungen am ADS herauszufinden.

5.3   Umsetzung: Erstellung des Maschinenkontos

Im folgenden wird die Vorgehensweise für die Erstellung eines Unix - Maschinenkontos in einem ADS beschrieben. Zur Umsetzung dieser Aufgabe wird die Vintela Authentication Software eingesetzt, welche im Software Kapitel kurz beschrieben wurde. Hier wird nun die genaue Installation, und die Funktionsweise des Programms beschrieben. Des weiteren wird diese Lösung in der vorhandenen Testumgebung umgesetzt und als Basis für die weitere Vorgehensweise benutzt.

5.3.1 Änderung am Windows Server

Um den Unix – basierten Rechner einzubinden sind am Active Directory Server keine Änderungen notwendig.

5.3.2 Änderungen am Unix - basierten Server

Die VA – Software steht in einem RPM – Paket zur Verfügung. „RPM" steht für „RedHat Package Manager" und bietet einen Möglichkeit, Linux – Programme in einer binären Form als Installationspaket zur Verfügung zu stellen. Dabei befinden sich alle notwendigen Dateien und Informationen fertig kompiliert in diesem RPM – Paket und können mit einem einzigen Befehl installiert werden. Da als Unix – basiertes System der RedHat Linux Server AS 3 eingesetzt wird, ist dieses Paket installierbar. Wird das VAS – RPM Paket installiert, werden eine Reihe von Bibliotheken auf das System kopiert.

5.3.2.1   Installierte Zusatzsoftware

Bei der Installation der VA – Software werden folgende Module auf dem System eingerichtet:

- **Vascd:** *Der VAS Client Dämon stellt eine sichere Verbindung zur Active Directory her und bezieht die Benutzer – und Gruppeninformationen aus der Active Directory.*
- **Nss_vas:** *Dieses NSS – Modul bietet eine Schnittstelle zwischen dem VAS Client Deamon und den auf dem Linux Server installierten Applikationen.*
- **Pam_vas:** *Das PAM_VAS Modul authentifiziert Logins gegenüber den Benutzerdaten und Passworten, die in der Active Directory gespeichert werden.*
- **Vastool:** *mit dem Vastool können kleine administrative Aufgaben erledigt werden.*

Diese hier aufgelisteten Module müssen noch konfiguriert und im System angemeldet werden. Diese Aufgabe wird über das administrative Tool „Vastool" vorgenommen

5.3.2.2   Konfiguration der installierten Komponenten

1. *Die Konfigurationsdateien für die Dateien /etc/passwd und /etc/group müssen geändert werden, damit die Benutzer in nicht die lokalen Dateien, sondern die VAS als Authentifizierungsbasis verwenden.. Die geschieht mit einem entsprechendem Eintrag in der Datei /etc/nsswitch.conf.*

2. Die Konfigurationsdateien für die Authentifizierung müssen angepasst werden um das System darauf einzustellen, die neue Authentifizierungsbasis zu nutzen. Die geschieht durch die Modifikation der PAM Konfigurationsdateien, die sich entweder in der pam.conf oder im Verzeichnis /etc/pam.d befinden. Diese Änderungen werden es ermöglichen, dass sich Active Directory Benutzer ebenso wie native Unix Benutzer am System authentifizieren können.

3. Die Kerberos Installation braucht eine passende Konfigurationsdatei. Diese findet sich in der Datei /etc/opt/auth.conf und stellt die installierte Kerberos Version darauf ein, das Authentifizierungssystem der zur Active Directory zu nutzen.

5.3.2.3   Übersicht und Funktionsweise

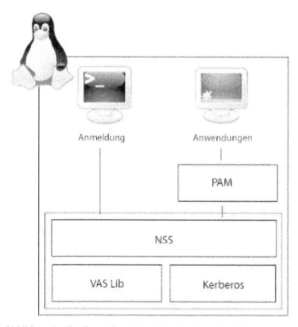

Abbildung 5 - Konfigurationsübersicht der Linux Module

5.3.3 Einbindung in das Active Directory

Die Einbindung eines Client – Rechners in eine Active Directory und somit die Erstellung eines Maschinenkontos kann immer nur vom Client – Rechner aus vollzogen werden. Soll ein Windows – Client in eine Domäne eingebunden werden, so muss ein Domänenadministrator an diesem Rechner die Zieldomäne angeben und für die Einbindung das Passwort des Domänenadministrators eingeben.

Soll der präparierte Linux – Server eingebunden werden, so wird ein Programm benötigt, welches eine entsprechende Anfrage vom Linux Server aus absetzen kann. Für diese Aufgabe kommt VAS – Tool zum Einsatz. Durch den Befehl „./vastool join" kann unter Angabe des Zielservers, der Zieldomain, des Administrators und dessen Passwort der Unix – basierte Server (Linux) eingebunden werden.

Dieser Vorgang funktioniert jedoch nur, wenn der ADS und der Linux Server perfekt auf diese Einbindung vorbereitet wurden:

-   Die Systemzeit der beiden Rechner muss auf die 100 – tel Sekunde genau synchronisiert werden.
-   Auf dem ADS muss ein speziell präparierter Domänenadministrator existieren, der einen Kerberos „User Prinzipal Name" besitzt. Der Konto des Administrators ist nicht mit einem UPN ausgestattet.
-   Die oben beschriebene Konfiguration muss perfekt funktionieren.
-   Die DNS – Einträge müssen korrekt sein, damit die Namensauflösung funktioniert.

5.4   Umsetzung: Erstellung des Benutzerkontos

5.4.1 Problem der Attributnutzung

Windows und Unix Systeme haben sehr verschiedene Techniken der Benutzerkontoführung. Ex existieren zwei grundverschiedene Konzepte, die für die Darstellung ein verschiedenes Set an Attributen benutzen.

Es ist nicht möglich, ein Windows System und ein Unix System so anzupassen, dass sie ein und dieselben Attribute besitzen. Beide Systeme sind in ihrer Struktur und

Funktionsweise so verschieden, dass ein einheitliches Attributschema ausgeschlossen ist. Es ist also notwendig, von beiden Systemen die notwendigen Attribute zu unterstützen.

5.4.2 Untersuchung der Windows Attribute

Wird der Active Directory Eintrag von einem Windows Konto überprüft, so fallen eine Vielzahl von Attributen auf, die zwar nichts speziell mit dem Benutzer zu tun haben, jedoch eine Menge Informationen über das Konto selbst bieten. So werden hier alle Einträge über die Anmeldezeiten, das Ablaufdatum des Kontos, die Anzahl der falschen Logins und verschiedenen Zeitstempel des Kontos gespeichert. Diese Attribute beispielsweise werden in reinem Text hinterlegt und können direkt ausgelesen oder geändert werden. Andere Attribute verraten ihre Funktion erst nach einer Recherche in der MSDN Library. So hat beispielsweise das Attribut „useraccountcontrol" eine Vielzahl von möglichen numerischen Werten, deren Wert selbst keine Aussage über dessen Funktion gibt. Es muss das spezielle Regelwerk für dieses Attribut beachtet werden. So steht der Wert 512 für die Funktion „Konto aktiviert". Bei dem Wert 514 hat das Konto die Eigenschaft „deaktiviert". Erhöht man nun den Wert wiederum um 2, so wird das Konto wieder aktiviert.

5.4.2.1   Wichtige Windows Attribute

Wirklich relevant bei einer solchen Attributanalyse ist, dass die Attribute selektiert werden, die für die Erstellung eines Benutzerkontos unbedingt benötigt werden. Um diese herauszufinden wurden eine Reihe von Tests durchgeführt, bei denen jeweils versucht wurde mit einem minimalen Set an Attributen ein Windows Konto zu erstellen. Diese haben ergeben, dass sich alle relevanten Attribute aus der Kombination Vorname und Nachname erzeugen lassen. Ein Passwort ist bei niedrigen Sicherheitseinstellungen des Servers optional. Ein solches Konto wird standardmäßig der Gruppe der „Benutzer" zugeordnet und bezieht alle übrigen Informationen (Gültigkeit des Kontos etc.) aus den gegebenen Sicherheitsrichtlinien.

Die von Microsoft AD verwendeten Standard – Attribute sind folgende:

Attribut	Wert	Beschreibung
objectclass	top	Objekt - Klasse
objectclass	person	Objekt - Klasse
objectclass	organizationalPerson	Objekt - Klasse
objectclass	user	Objekt - Klasse
cn	Vorname Nachname	Kompletter Name
sn	Nachname	Nachname
description	Beschreibung	Beschreibungstext
givenname	Vorname	Vorname
distinguishedname	CN=Vorname Nachname,CN=Users,DC=anderson,DC=test	Eindeutige referenz durch den DN
instancetype	4	Instanztyp
whencreated	20040908161010.0Z	Zeitstempel
whenchanged	20040908161010.0Z	Zeitstempel
displayname	Vorname Nachname	Angezeigter Name
usncreated	41947	Zeitstempel
usnchanged	41948	Zeitstempel
name	Vorname Nachname	Name
objectguid	• *ï@¦7L£8°□ ·Ž=□	Binäre Objekt - ID
useraccountcontrol	512	Kontokontrolle
badpwdcount	0	Anzahl falscher PW Eingaben
codepage	0	Codeseite
countrycode	0	Ländercode
badpasswordtime	0	Zeitstempel
lastlogoff	0	Zeitstempel
lastlogon	0	Zeitstempel
pwdlastset	0	Zeitstempel
primarygroupid	513	Primäre Gruppe
objectsid	I	Security Identifier (binär)
accountexpires	9223372036854775807	Zeitstempel
logoncount	0	Zahl der Logins
samaccountname	username	Benutzername
samaccounttype	805306368	Benutzertyp
userprincipalname	username@anderson.test	Kerberos UPN
objectcategory	CN=Person,CN=Schema,CN=Configuration,DC=anderson,DC=test	Schema - Angabe

Bei der Erstellung eines neuen Kontos müssen die Attribute:

- *CN*
- *SN*

angegeben werden. Die übrigen sind optional oder werden automatisch angelegt.

5.4.3 Untersuchung der Unix Attribute

Ähnlich verhält es sich bei einem Unix – Benutzerkonto. Hier lassen sich ein Großteil der relevanten Attribute aus der Kombination „Vorname" und „Nachname" bilden.

Allerdings gibt es zusätzlich noch einige System – bezogene Attribute ohne die ein Unix – Benutzerkonto nicht funktioniert.

5.4.3.1   Relevante Unix Attribute

Als Konsolen – basiertes Betriebssystem verlangt Unix nach dem Attribut „Login – Shell". In diesem Attribut muss angegeben werden, welche Shell (also welcher Kommandozeilen - Interpreter) beim Einloggen des Benutzers gestartet werden soll. Von den aktuell gängigen Shell – Programmen sind die Korn Shell (ksh) für Unix Systeme und die Bourne – Again – Shell (bash) für Linux Systeme am weitesten verbreitet. Der Wert dieses notwendigen Attributs bildet die absolute Pfadangabe zu der passenden Shell. Zum Beispiel: „LoginShell: /bin/bash"

Ein weiteres Attribut, das eine ganz ähnliche Syntax aufweißt, ist die Angabe des Heimverzeichnisses des Benutzers. Auch hier wird die komplette Pfad angegeben: "HomeDirectory: /home/hans"

Wichtig bei der Erstellung eines Unix – basierten Benutzerkontos sind die eindeutige ID (Identifikationsnummer) des Benutzers selbst und die eindeutige ID der Gruppe, zu der dieser Benutzer gehören soll. Bei der Erstellung neuer Benutzerkonten gilt es zu beachten, keine ID zu wählen, die bereits vergeben ist. Auf einem Verzeichnisdienst ist es also zu empfehlen, eine ID zu wählen, die größer als 1000 ist um möglich Konflikte mit vorhandenen, lokalen Benutzerkonten zu vermeiden. Das gleiche gilt für die Gruppenkonten. Die notwendigen Unix – Attribute heißen: „Uidnumber" und „Gidnumber"

Da bei der Erstellung eines neuen Unix Benutzers diesem keine Gruppe automatisch zugewiesen wird, sollte vorher eine passende Gruppe erstellt werden.

Die bei der Erstellung eines Unix – Kontos verwendeten Attribute sind folgende:

Attribut	Wert	Beschreibung
objectclass	top	Objekt - Klasse
objectclass	person	Objekt - Klasse
objectclass	organizationalPerson	Objekt - Klasse
objectclass	user	Objekt - Klasse
cn	Vorname Nachname	Kompletter Name
sn	Nachname	Nachname
distinguishedname	CN=Vorname Nachname,CN=Users,DC=anderson,DC=t est	Eindeutige referenz durch den DN
name	Vorname Nachname	Name
uidnumber	2323	Unix Benutzernummer
gidnumber	1021	Unix Gruppennummer
gecos	elli	Beschreibung
unixhomedirectory	/home/beck	Heimatverzeichnis
loginshell	/bin/bash	Login Shell
userprincipalname	username@anderson.test	Kerberos UPN

Bei der Erstellung eines neuen Kontos müssen die Attribute:

- CN
- SN
- Unixhomedirectory
- Loginshell
- Gidnumber
- Uidnumber

angegeben werden. Die übrigen sind optional oder werden automatisch angelegt.

5.4.4 Schemaerweiterung

Da der ADS keine von Unix – Benutzerkonten benötigten Attribute unterstützt, müssen für die Nutzung von heterogenen Benutzerkonten die notwendigen Unix – Attribute dem ADS hinzugefügt werden.

Das LDAP – Schema definiert die im Server vorkommenden, möglichen Attribute. Da die notwendigen Unix – Attribute dem ADS hinzugefügt werden sollen, muss das

Schema der AD erweitert werden. Dieser Vorgang ist unumkehrbar und sollte nur von erfahrenen Administratoren durchgeführt werden.

Um das Schema zu erweitern wird eine LDIF – Datei mit den Klassen die hinzugefügt werden sollen benötigt. Diese LDIF – Datei muss in diesem Fall die Attribute der Unix – Benutzer – und Gruppenkonten beinhalten.

Erweitert wird das Schema mit dem Vintela – Schema Extender. Dabei handelt es sich um ein kleines Programm, das eine gegebene LDIF – Datei dem Schema eines lokalen ADS hinzufügen kann. Es muss auf dem Server ausgeführt werden, der den ADS betreibt.

Mit dem erweiterten Schema ist ein Administrator in der Lage ein Konto mit allen notwenigen Attributen für ein Windows System und für ein Unix System zu erstellen. Es kann ein heterogenes Konto anlegen.

5.5   Test der plattformübergreifenden Benutzerverwaltungslösung

Mit den gegebenen Windows – und Unix – Clientrechnern wurden verschiedenen Tests durchgeführt, um die Funktionalität der plattformübergreifenden Benutzerverwaltungslösung zu testen. Unter der Voraussetzung, dass ein heterogener Benutzer, also ein Benutzer mit allen notwendigen Windows – und Unix – Attributen vorhanden ist, und dass für diesen Benutzer eine heterogene Gruppe vorhanden ist, sind folgende Szenarien möglich:

- Der Benutzer kann sich auf allen eingebundenen Windows – Maschinen anmelden.
- Der Benutzer kann sich auf allen eingebundenen Unix – Maschinen anmelden.
- Eine Passwortänderung unter Windows wird global und in Echtzeit übernommen.
- Eine Passwortänderung unter Unix wird global und in Echtzeit übernommen.
- Eine Passwortänderung im ADS wird global und in Echtzeit übernommen.
- Wird das Konto im ADS deaktiviert, so ist es weder für die Windows – noch für die Unix – Server verfügbar.

6   Plattformunabhängige Administration der Benutzerverwaltungslösung

6.1   Notwendigkeit der Eigenentwicklung

6.1.1 Benötigter Funktionsumfang

Das Problem ist, dass die Attribute, die bei der Schemaerweiterung aus Kapitel 5.4.2 hinzugefügt worden sind, auch mit Daten gefüllt werden müssen. Für jedes Attribut, dass nicht mit einem automatisch generiertem Inhalt gefüllt wird (wie beispielsweise der Zeitstempel für die Kontoeinrichtung) muss ein Feld vorhanden sein, um einen passenden Wert einzugeben. In der Microsoft Management Console im „Snap – In" „Benutzer und Computer" finden sich alle notwendigen Felder und Einstellungsmöglichkeiten für ein Windows Benutzerkonto. Wird nun das Schema des dazugehörigen Verzeichnisdienstes erweitert, so bleibt dies in der MMC komplett unbeachtet. Es gibt keine Möglichkeit, die neuen Attribute zu bestücken oder zu ändern. Es ist daher notwendig eine zusätzliche Software zu implementieren, die diese Aufgabe übernimmt. Des weiteren müssen die gängigen Kontooperationen, um einen Benutzer verwalten zu können auch unterstützt werden.

Die Kernfunktionen hierbei sind:

- *Hinzufügen eines neuen Windows Benutzers*
- *Hinzufügen eines neuen heterogenen Benutzers*
- *Hinzufügen einer neuen Windows Gruppe*
- *Hinzufügen einer neuen heterogenen Gruppe*

Die Gruppenkonten sollten:

- *Geändert werden können*
- *Gelöscht werden können*

Die Benutzerkonten sollten:

- *geändert werden können*
- *gelöscht werden können*
- *einer Gruppe hinzugefügt werden können*

- mit einem Passwort versehen werden können

6.1.2 Vorhandene Software

Die Oberfläche „phpldapadmin" ist ein web – basiertes Tool, das in PHP umgesetzt wurde und ein Administrationstool für sämtliche LDAP – basierten Server darstellen soll. Auch der Active Direcotry Server soll mit diesem Tool administriert werden können. Das Tool ist kostenlos und kann unter der Adresse http://phpldapadmin.sourceforge.net bezogen werden.

Das Tool wurde hinsichtlich den oben aufgelisteten verlangten Funktionen getestet. Es sind bei diesem Interface nur grundsätzliche LDAP – Oprationen möglich, die sich auf das Anlegen neuer Unix – Benutzer und Gruppen beschränken und mit denen bereits vorhandene Einträge nicht editiert werden können.

Es ist nicht möglich einen Windows – Benutzer, oder einen heterogenen Benutzer anzulegen. Des weiteren ist es nicht möglich, bei einem ADS ein Passwort zu setzen. Zudem wird in der Übersicht von phpLDAPadmin der gesamte LDAP – Baum des ADS dargestellt, was unübersichtlich ist und sich negativ auf die Performance auswirkt.

Aus diesen Gründen wird für die Umsetzung einer plattformunabhängigen Benutzerverwaltungsoberfläche eine Eigenentwicklung gewählt.

6.2   Planung des Verwaltungstools

Es werden eine Programmiersprache und ein Protokoll gesucht, die beide plattformunabhängig funktionieren und mit einem Active Direcotry Server kommunizieren können.

6.2.1 Wahl der Programmiersprache

Die beste Möglichkeit, ein Programm plattformunabhängig zu gestalten ist es, eine Web - basierte Lösung zu entwerfen, da eine solche keinen Installationsaufwand bei den Client – Rechner verlangt und direkt von allen Betriebssystemen im Browser aufgerufen werden kann. Vor allem die Umsetzung in einer Interpretersprache, die keine weiteren Hilfsmittel oder Compiler benötigt, bildet ein System, das einfach zu *pflegen und zu erweitern ist. Es gibt eine Vielzahl an Interpretersprachen, die eine Erstellung von dynamischen Webseiten ermöglichen. Die Microsoft – eigene heißt „ASP" – Active Server Pages. Die sehr ähnliche Konkurrenz aus dem Hause Sun nennt sich „JSP" – Java Server Pages. Die Wahl fällt allerdings auf den zweiten Konkurrenten, der eine Vielzahl von Protokollen und zusätzlichen Erweiterungen unterstützt: PHP.*

Die PHP – Interpretersprache kann mit dem LDAP - Zusatzmodul ausgestattet werden wodurch das LDAP – Protokoll unterstützt wird. Es bietet also die Möglichkeit eine web – basierte Oberfläche zu gestalten, mit der ein Active Directory Server über das LDAP – Protokoll administriert werden kann.

6.2.2 Architektur der geplanten Lösung

Die notwendige Bibliothek für die Nutzung von LDAP ist „php_ldap.dll" und muss entsprechend in die PHP Erweiterung integriert werden. Möchte ein PHP – Skript auf den Active Directory Server zugreifen, so erfolgt die gesamte Kommunikation über das LDAP – Protokoll:

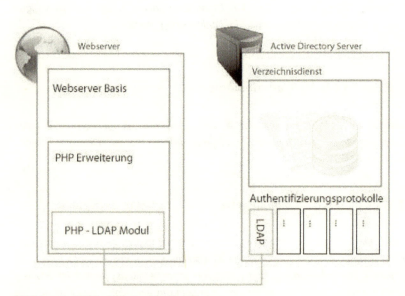

Abbildung 6 - LDAP - basierter AD - Zugriff

6.2.3 Basisfunktionen der php_ldap.dll Bibliothek

Die wichtigsten Funktionen, die für die Umsetzung des geplanten Verwaltungstools benötigt werden sind:

- *Ldap_connect: Erstellt eine Server Ressource, über die im späteren Verlauf verbunden werden kann. Die „connect" – Anweisung verbindet selbst noch nicht und kann daher auch nicht für Verbindungstests verwendet werden.*
- *Ldap_bind: Folgt normalerweise unmittelbar hinter ldap_connect und stellt mit dessen Ressourcenangabe die Verbindung her. Werden bei dieser Funktion keine Benutzerangaben übergeben, so wird per Default eine anonyme Anmeldung gewählt.*
- *Ldap_search: Diese Funktion bietet die Möglichkeit, von einem bestimmten Objekt aus, den nachfolgenden LDAP - Baum zu durchsuchen. Soll der ganze Server durchsucht werden, so wird hier als Startobjekt das Wurzel – Obejkt (root - DN) angegeben.*
- *Weitere Funktionen finden sich unter: http://www.php.net/ldap*

6.2.4 Entwicklungsumgebung

Um das geplante Webinterface entwickeln zu können, muss eine entsprechende Entwicklungsumgebung aufgesetzt werden. Benötigt werden:

- *Ein Webserver mit PHP Erweiterung*
- *Diese PHP Erweiterung mit LDAP – Unterstützung*
- *Ein Active Directory Server als Testserver*
- *Ein Editor zur Skriptentwicklung*

Damit PHP das Protokoll LDAP unterstützt muss es mit der entsprechenden Option neu kompiliert werden. Unter Linux wird dafür dem Befehl „configure" die Option „--with-ldap" mitgegeben, unter Windows muss die entsprechende Option in der Entwicklungsumgebung „MS Visual Studio" angeklickt werden.

Der benötigte Webserver wird auf dem vorhandenem Windows Server 2003 EE installiert. Microsoft bietet mit dem IIS – „Internet Information Server" Version 6 einen Webserver, der einfach zu installieren und pflegen ist und sich mit der Webserver – Erweiterung PHP bestücken lässt.

Der IIS wurde gewählt, um am Ende ein möglichst kompaktes System präsentieren zu können, das alle notwendigen Dienste auf einem Gerät vereint. Da der IIS am besten mit dem eingesetzten Windows Server zusammenarbeitet, ist er unter den am Markt platzierten Webservern für diese Aufgabe die erste Wahl.

6.3   Konzeption des Verwaltungstools

6.3.1 Design der Benutzeroberfläche

Die Oberfläche soll einfach und intuitiv zu bedienen sein und nur die Daten und Einträge anzeigen, die für diese spezielle Aufgabe relevant sind. Zwar ist es möglich, sämtliche Detailinformationen auszugeben, die in einem Active Directory Server hinterlegt sind, jedoch ist dies aus Gründen der Performance und der Übersichtlichkeit keine wünschenswerte Funktion. Es gilt also nur die relevanten Informationen zu selektieren und anzuzeigen. Das sind ausschließlich die Benutzer, die Gruppen und die Computer. Alles andere wie Schema, Systemangaben, Sicherheitsrichtlinien, Domänen, Vertrauensstellungen oder Dienste bleiben außen vor.

6.4   Probleme bei der Umsetzung

6.4.1 Problem mit Microsofts Sicherheitsstrategie

Da es für die Interpretersprache PHP keinen Debugger gibt muss während der Entwicklung der geschriebene Code immer wieder direkt auf dem Webserver getestet werden. Ein Vorteil bei der LDAP – Bibliothek ist, dass Fehlermeldungen ausgegeben werden, die das Problem recht deutlich beschreiben.

Der Windows Server 2003 hat sehr sichere Grundeinstellungen. Microsoft vermarktet sein neues Betriebssystem mit dem Schlagwort „secure by default", was soviel bedeutet wie, dass ein neu installierter Windows Server 2003 in jeder Hinsicht auf ein sehr hohes Sicherheitsniveau konfiguriert ist. Bezüglich des Verzeichnisdienstes AD wurden viele dieser Vorkehrungen getroffen, was die Entwicklung eines LDAP – basierten Verwaltungstools zu einer echten Herausforderung macht. Es war Anfangs nicht zu erkennen, ob bei einer Fehlermeldung die Schwäche im Programm lag, oder einfach nur eine entsprechende Sicherheitssperre übersehen wurde. Es war notwendig für die frühe Entwicklungsphase einen Ersatz zu finden.

Es wurde daher ein OpenLDAP Server installiert, der mit minimalen Sicherheitseinstellungen konfiguriert wurde. Waren alle notwendigen Funktionen auf diesem Server lauffähig und die Tests bestanden, wurde das Programm auf den Windows Server migriert, was einige Anpassungen am Programm erforderte.

6.4.2 Vorgaben zur Nutzung von PHP_LDAP mit Active Directory

Die folgenden drei Punkte sind Ergebnis einer umfangreichen Recherche und einer breiten Testreihe. Was hier auf den ersten Blick trivial wirkt, ist weder von Microsoft noch von den PHP – Entwicklern offiziell dokumentiert und oft nur „über drei Ecken" zu erfahren:

- Während bei anderen Verzeichnisdiensten nur der Benutzername des Administrators als Anmeldename benutzt werden kann, muss beim Zugriff auf eine Active Directory die gesamte Email – Adresse angeben werden. Im gegebenen Beispiel Administrator@anderson.test.
- Das Active Directory basiert auf dem LDAP – Protokoll Version 3. Da die LDAP Bibliothek von PHP standardmäßig Version 2 benutzt musst für die Oberfläche explizit die Version 3 initialisiert werden.
- Bei einem normalen LDAP – Server darf jeder beliebige Benutzer den Server durchsuchen und nur ein Administrator Schreibvorgänge durchführen. Bei einem Active Directory Server darf nur ein Administrator den LDAP – Baum durchsuchen.

6.4.3 Probleme mit Dokumentation und Ressourcen

Für die Umsetzung der weiteren Funktionen sind viele Tricks und Kniffe erforderlich, die nicht in der Dokumentation von Microsoft und auch nicht in der Dokumentation von php.net auftauchen. Um hier die gewünschten Informationen zu erhalten, war eine Registrierung und häufige Benutzung der Foren unter http://forums.devshed.com und http://www.php.de notwendig und eine Informationsbeschaffung unter den Usenet – Gruppen von „news.microsoft.com" nützlich. Eines der größten Probleme war beispielsweise die Änderung eines Benutzerpassworts mittels PHP und IIS. Das entsprechende Diskussionsthema, das sich im Forum von „devshed.com" entwickelte, zählte am Ende etwa 86 Antworten und über 12.000 Lesungen.

Es kann gesagt werden, dass hinsichtlich LDAP zu wenig Dokumentation im Internet zu finden ist. Die auffindbaren Tutorials und Dokumentationen halten sich an der Oberfläche und geizen mit Fachwissen. Auch das Microsoft Archiv versorgt den Benutzer lediglich mit dem „Warum" einer bestimmten Aufgabe, nicht aber mit dem „Wie".

6.5   Ergebnis

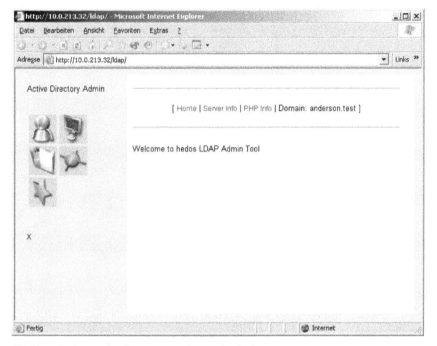

Abbildung 7 - Screenshot Benutzerverwaltungsoberfläche

6.5.1 Layout der Oberfläche

Nach dem Vorbild der bereits vorhandenen Benutzerverwaltungstools wird die Oberfläche in zwei Bereiche gegliedert. Links befindet sich ein schmaler Balken, der eine Übersicht enthält, rechts die Kontoinformationen und die möglichen Konto - Funktionen.

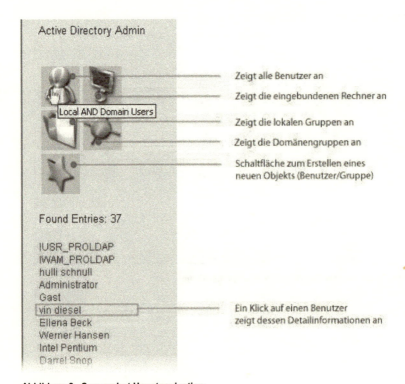

Abbildung 8 - Screenshot Hauptnavigation

6.5.2 Funktionsübersicht

Die im folgenden beschriebenen Funktionen konnten umgesetzt werden und wurden in ihrer Funktion getestet.

6.5.2.1   Kontoinformationen

Klickt ein Administrator in der Übersicht auf ein Objekt, so werden im rechten Fenster alle Details zu diesem Objekt angezeigt. Im oberen Teil der Anzeige finden sich die wichtigen Informationen des Kontos. Hier werden der Benutzername, die, Kontobeschreibung und die Eigenschaft des Kontos in Bezug auf die Heterogenität angezeigt. Das heißt, dass auf einen Blick sichtbar ist, ob dieses Konto kompatibel zu Unix – Maschinen, oder ob es ein reines Windows Konto ist.

[Home | Server Info | PHP Info | Domain: anc

Details of the Object

Distinguished Name: CN=Tobi Mcwire,CN=Users,DC=anderson,DC=test

Name: Tobi Mcwire
Account Type: Heterogenous
Description: [Person] Another Test Heterogenous

| add | modify | delete | add to group | password | activate |

Detailed Information:

Attribute	Value
objectclass	top

Abbildung 9 - Screenshot Kontoinformationen

Unmittelbar unter dieser Information befinden sich die verfügbaren Kontooperationen. Hier kann das Benutzerkonto verändert oder gelöscht werden. Es kann ein Passwort vergeben werden oder das Konto eine speziellen Gruppe zugeordnet werden. Die Schaltfläche für die Passwortvergabe wird bei der Anzeige eines Gruppen - oder Maschinenkontos nicht angezeigt.

Unter diesen Schaltflächen werden die kompletten Informationen des Objekts aufgelistet. Hier werden sämtliche LDAP – Einträge angezeigt. Um dabei die Übersichtlichkeit zu bewahren wird an dieser Stelle die Schriftgröße heruntergesetzt.

Auf dem folgenden Screenshot sind die speziellen Unix – Attribute sichtbar:

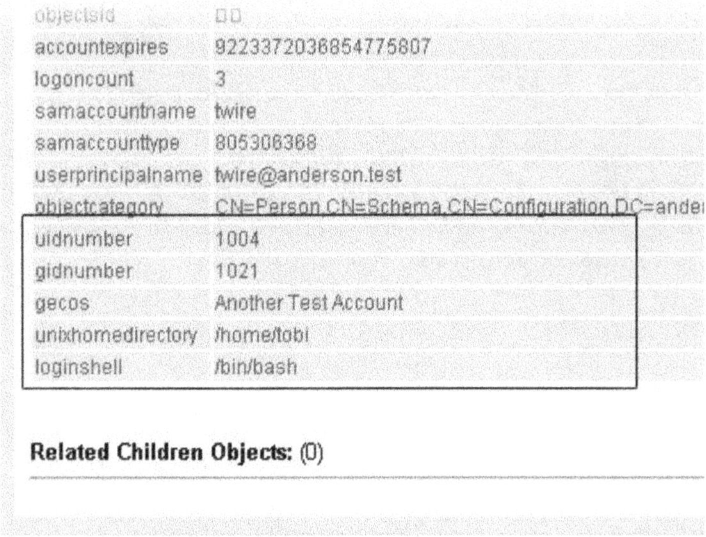

objectsid	□ □
accountexpires	9223372036854775807
logoncount	3
samaccountname	twire
samaccounttype	805306368
userprincipalname	twire@anderson.test
objectcategory	CN=Person,CN=Schema,CN=Configuration,DC=ande
uidnumber	1004
gidnumber	1021
gecos	Another Test Account
unixhomedirectory	/home/tobi
loginshell	/bin/bash

Related Children Objects: (0)

Abbildung 10 - Screenshot Unix - Benutzerdetails

6.5.2.2   Konto hinzufügen

Um ein neues Konto anzulegen gibt es zwei verschiedene Positionen der Schaltfläche „add". Dabei sagt die Position der Schaltfläche nichts über den Typ des hinzuzufügenden Kontotypen aus. Die Position der Schaltfläche bestimmt lediglich den Speicherort des neuen Objekts. Wird beispielsweise innerhalb eines Benutzereintrags auf „add" geklickt, so wird der neue Eintrag als Kindelement des vorliegenden Eintrags erstellt. Die große Schaltfläche neben den Schaltflächen für die Benutzer und Gruppen nimmt den Standardordner des Active Directory als Elternobjekt und sollte daher primär genutzt werden.

Soll ein neues Konto angelegt werden, so stehen vier Möglichkeiten zur Auswahl:

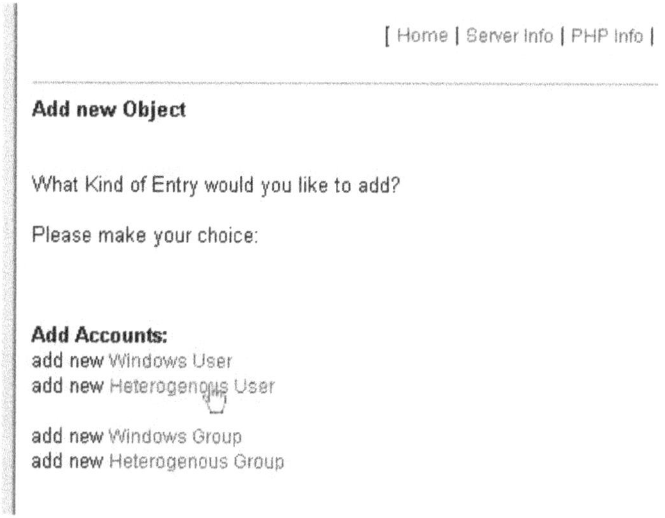

[Home | Server Info | PHP Info |

Add new Object

What Kind of Entry would you like to add?

Please make your choice:

Add Accounts:
add new Windows User
add new Heterogenous User

add new Windows Group
add new Heterogenous Group

Abbildung 11 - Screenshot Auswahl des neuen Eintrags

1.   Windows Benutzer (Windows User):

Unter diesem Punkt lässt sich ein neues, Windows Benutzerkonto erstellen. Der hier angelegte Benutzer hat Zugriff auf alle in der entrechenden Domäne eingefügten Rechner.

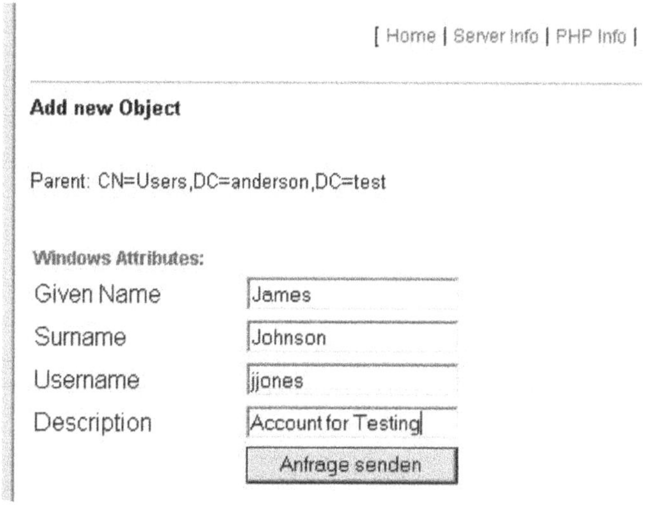

[Home | Server Info | PHP Info |

Add new Object

Parent: CN=Users,DC=anderson,DC=test

Windows Attributes:

Given Name	James
Surname	Johnson
Username	jjones
Description	Account for Testing

Anfrage senden

Abbildung 12 - Screenshot neuer Windows Benutzer

2.   Heterogener Benutzer (Heterogenous User):

Unter diesem Punkt lässt sich ein Benutzer einrichten, der nicht nur auf alle Windows Maschinen, sondern auch auf alle Unix Maschinen des Netzwerks zugreifen kann. Allerdings sollte hier vor der Erstellung des Benutzerkontos eine passende Unix Gruppe existieren.

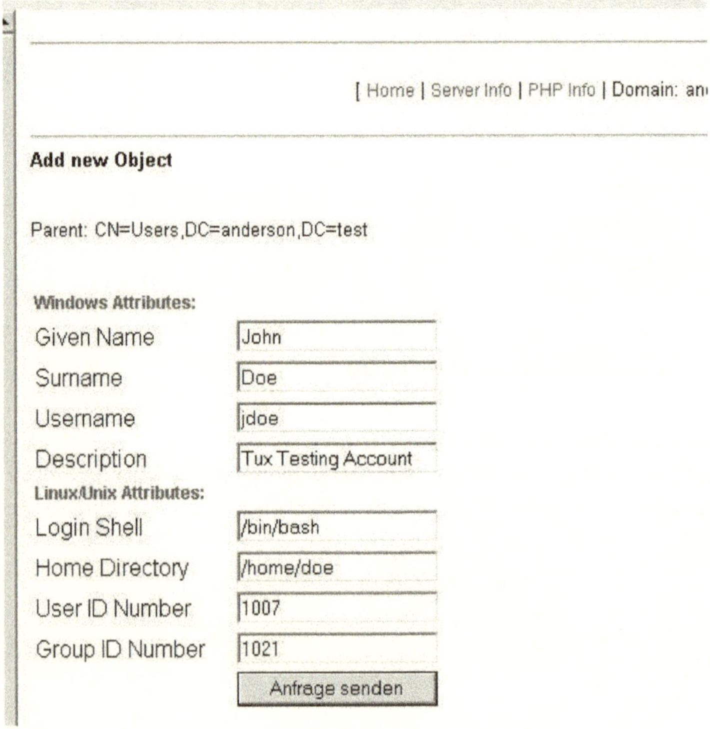

Abbildung 13 - Screenshot heterogener Benutzer

3.   Windows Gruppe (Windows Group):

Hier kann eine neue Gruppe angelegt werden. Dabei ist es ausreichend nur den Gruppennamen anzugeben. Die restlichen Attribute werden automatisch vergeben. Die Zuordnung von bestimmten Windows Benutzern zu dieser Gruppe wird im weiteren Verlauf noch beschrieben.

4.   Heterogene Gruppe (Heterogenous Group):

Hier kann analog zu den Benutzern eine Gruppe eingerichtet werden, die nicht nur die Windows Rechner, sondern auch die Unix Rechner unterstützt. Für den Unix Anteil wird eine frei Gruppen – ID (gidnumber) benötigt.

Abbildung 14 - Screenshot heterogene Gruppe

6.5.2.3 Konto verändern

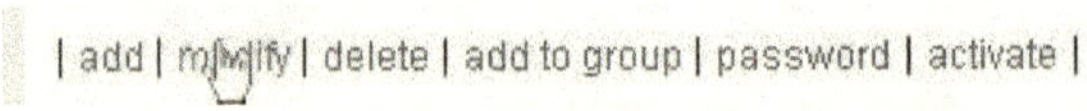

| add | m[m]ify | delete | add to group | password | activate |

Durch klick auf die Schaltfläche „modify" gelangt man in den Autorenmodus. In diesem Bereich können sämtliche Attribute, die nicht unter einem bestimmten Schutz stehen editiert werden. Nicht nur die gängigen Attribute wie Name, Vorname, etc.., sondern auch die in der MMC nicht zugänglichen Attribute können hier verändert werden.

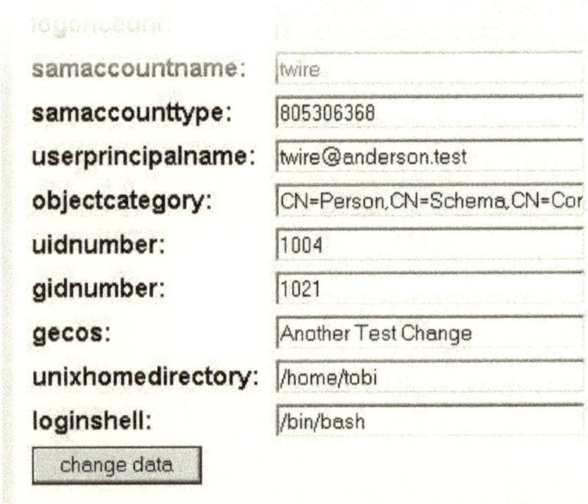

samaccountname: twire
samaccounttype: 805306368
userprincipalname: twire@anderson.test
objectcategory: CN=Person,CN=Schema,CN=Cor
uidnumber: 1004
gidnumber: 1021
gecos: Another Test Change
unixhomedirectory: /home/tobi
loginshell: /bin/bash

change data

Abbildung 15 - Screenshot Benutzerdaten ändern

6.5.2.4   Konto löschen

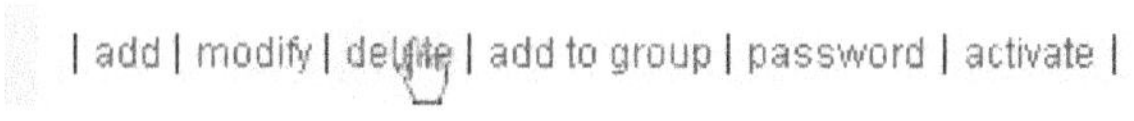

| add | modify | de~~lete~~ | add to group | password | activate |

Durch klick auf die Schaltfläche „del" wird der Automatismus zum Löschen des Objekts angestoßen. Bei diesem Vorgang wird zunächst überprüft, ob das Objekt ein sogenanntes „Leaf" ist, was soviel heißt wie Blatt und ein Objekt ohne weitere Kindobjekte beschreibt. Ist dies der Fall, so kann der Benutzer das Objekt nach der Bestätigung einer Sicherheitsabfrage unwiderruflich löschen.

Ist dies nicht der Fall, so wird dem Benutzer eine Warnung ausgegeben und die Anzahl der noch vorhandenen Kindelemente angezeigt. Solange ein Objekt ein Kindobjekt besitzt, kann es nicht gelöscht werden. Sollte der Benutzer trotz dieser Tatsache dennoch den Löschvorgang bestätigen, so wird das Objekt mit allen seinen noch möglichen Kindobjekten rekursiv gelöscht. Mit dieser Methode kann theoretisch mit einem Klick der gesamte Active Directory Server leergeräumt werden, weswegen hier Vorsicht geboten ist.

[Home | Server Info | PHP Info]

Delete Object

Are you sure to delete the Entry:

CN=Tobi Mcwire,CN=Users,DC=anderson,DC=test

Yes, do it!

Abbildung 16 - Screenshot Objekt löschen

6.5.2.5   Konto einer Gruppe zuordnen

| add | modify | delete | add to group | password | activate |

Unter dem Punkt „add to group" kann ein Benutzerkonto einer Windowsgruppe
hinzugefügt werden. Bei diesem Vorgang wird bei den ausgewählten Windows
Gruppen das entsprechende „member" – Attribut gesetzt. Der Benutzer, der einer
bestimmten Gruppe angehört ist als „member" bei dieser Gruppe eingetragen.

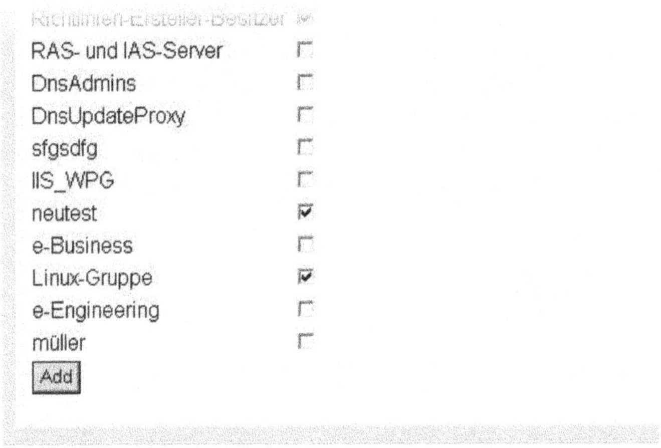

Abbildung 17 - Screenshot Benutzer Gruppe hinzufügen

6.5.2.6   Passwort setzen

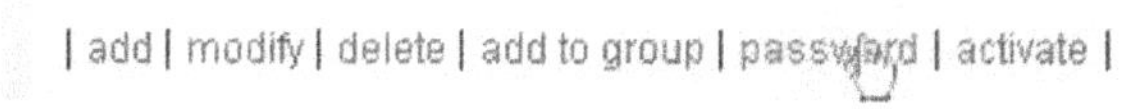

| add | modify | delete | add to group | password | activate |

Wird ein neuer Benutzer angelegt oder bei einem vorhandnem Benutzer auf die Schaltfläche „password" geklickt, so erscheint ein Feld, bei dem ein neues Passwort gesetzt werden kann. Bei diesem Vorgang wird das alte Passwort ohne weitere Nachfrage überschrieben. Stimmen die beiden eingegeben Passworte nicht überein, so wird der Benutzer aufgefordert, es noch einmal zu versuchen.

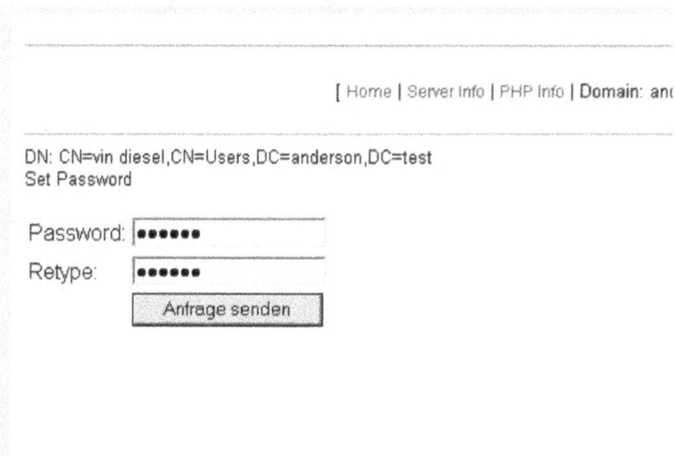

[Home | Server Info | PHP Info | Domain: an(

DN: CN=vin diesel,CN=Users,DC=anderson,DC=test
Set Password

Password: ●●●●●●

Retype: ●●●●●●

Anfrage senden

Abbildung 18 - Screenshot Passwort setzen

Um das Passwort zu setzen ist eine 128 – Bit Verschlüsselung zwischen dem PHP_LDAP Modul und dem ADS erforderlich, was sich als nicht ganz trivial herausgestellt hat, da die Bibliothek php_ldap.dll offenbar einen Fehler („Bug") in der entsprechenden Funktion hat. So ist eine gesicherte Verbindung zwischen dem Webserver und dem Active Directory Server nur mit diesem bestimmten Trick („Workaround") möglich:

Auf der C – Platte des Windows Servers muss das Verzeichnis „c:\OpenLDAP\sysconfig" angelegt werden. In diesem Verzeichnis muss eine Datei Namens „ldap.conf" angelegt werden, welche in der ersten Zeile die Linie „TLS_REQCERT never" enthalten muss. Warum genau diese Datei in diesem

Verzeichnis abgelegt werden muss, ist nicht dokumentiert. Es muss irgendwo in den Tiefen der Datei php_ldap.dll liegen.

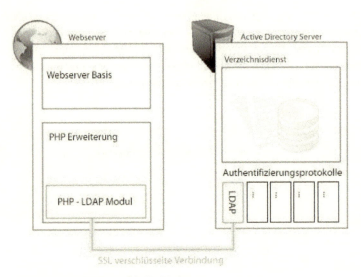

Abbildung 19 - LDAP über SSL Verbindung

Sollte das Programm dennoch die Fehlermeldung „Server is unwilling to perform" erzeugen, so entspricht das Passwort in der Regel nicht den Sicherheitsrichtlinien des Servers. Hier muss dann entsprechend nachgebessert werden.

6.5.2.7   Konto aktivieren / deaktivieren

| add | modify | delete | add to group | password | activate |

Ist das vorhandene Konto aktiviert, so erscheint im Funktionsbereich die Schaltfläche „deactivate". Ist das Konto inaktiv, so erscheint die Schaltfläche „activate". Wird das Konto deaktiviert, so ist der Zugang zu den Windows und den Unix Maschinen für diesen Benutzer verwehrt.

7   Abschlussbetrachtung

7.1   Erreichter Funktionsumfang

Die beiden Kernvorgaben, die für die Umsetzung der Benutzerverwaltung definiert waren, wurden umgesetzt. Auf der Basis des Active Directory Server wurde eine Konfiguration umgesetzt, die alle vorgegeben Funktionen beherrscht. Darüber hinaus wurden Zusatzfunktionen entwickelt, die eine Administration zusätzlich vereinfachen.

Das umgesetzte Konzept ist plattformübergreifend:

- *Es lassen sich Windows – und Unix – basierte Rechner verwalten.*
- *Passwortänderungen werden ein Echtzeit übernommen unabhängig davon, wo diese Änderungen durchgeführt wurden.*
- *Die Daten werden zentralisiert gehalten, es gibt keine doppelt vorhandenen Einträge und keine Redundanzen.*
- *Durch die zentralisierte Haltung gibt es weiterhin keine Konsistenzprobleme und keine Synchronisationsprobleme.*

Das umgesetzte Konzept ist plattformneutral:

- *Alle Benutzer und Gruppen lassen sich von jedem beliebigen Rechner aus administrieren.*
- *Auf dem Rechner des Administrators muss keine Zusatzsoftware installiert werden, die Oberfläche wird direkt im Browser gestartet.*

Ein weiterer Vorteil des Systems ist, dass alle für die Administration benötigten Komponenten auf einem einzelnen Windows Server 2003 betrieben werden können.

7.2   Technischer Überblick

Folgendes Schaubild gibt einen technischen Überblick über die gesamte Lösung:

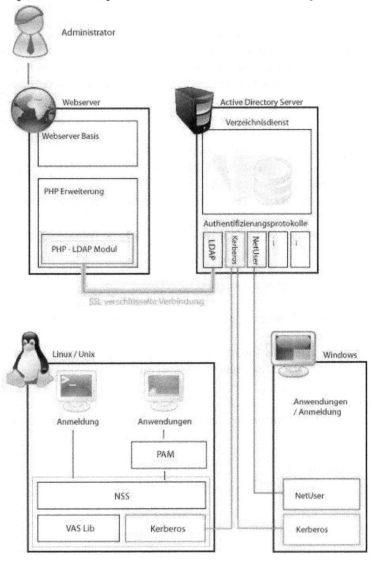

Abbildung 20 - Illustration Gesamtübersicht

8 Verzeichnis

8.1 Quellen

8.1.1 Bücher

- **LDAP verstehen, OpenLDAP einsetzen**
  von Dieter Klünter, Jochen Laser
- **LDAP System Administration**
  von Gerald Carter
- **PHP 4 Webserver-Programmierung**
  von Thomas Theis
  http://www.galileocomputing.de/openbook/php4/
- **LDAP Implementation Cookbook**
  http://www.redbooks.ibm.com/redbooks/pdfs/sg245110.pdf

8.1.2 Microsoft Knowledge Base / TechNet Artikel

- *How to Use the UserAccountControl Flags to Manipulate User Account Properties*
  http://support.microsoft.com/default.aspx?kbid=305144&product=winsvr2003
- *How to enable LDAP over SSL with a third-party Certification Authority*
  http://support.microsoft.com/default.aspx?scid=kb%3Ben-us%3B321051
- *Windows 2000 Kerberos Authentication*
  http://www.microsoft.com/windows2000/techinfo/howitworks/security/kerberos.asp
- *Windows 2000 Kerberos Interoperability*
  http://www.microsoft.com/windows2000/techinfo/howitworks/security/kerbint.asp
- *Understanding LDAP*
  http://www.microsoft.com/windows2000/techinfo/howitworks/activedirectory/ldap.asp
- *Active Directory LDAP Compliance*
  http://www.microsoft.com/windowsserver2003/techinfo/overview/ldapcomp.mspx

- *Microsoft Solution Guide for Windows Security and Directory Services for UNIX*
  http://www.microsoft.com/technet/itsolutions/migration/unix/usecdirw/03wsdsu.mspx
- *MS Strategy for Lightweight Directory Access Protocol (LDAP)*
  http://www.microsoft.com/technet/prodtechnol/winntas/plan/ldapcmr.mspx

8.1.3 Webseiten

- *Vmware ESX Server Information*
  http://www.vmware.com/de/products/server/esx_features.html
- *Mummert Consulting*
  http://www.mummert-consulting.de
- *Vintela Authentication Software*
  http://www.vintela.com/products/vas/
- *Vintela Authentication Software from SCO*
  http://www.caldera.com/products/authentication/
- *Searching the LDAP Directory*
  http://developer.netscape.com/docs/manuals/dirsdk/capi/search.htm
- *PHP Manual*
  http://www.php.net/ldap
- *Private Website mit AD – Informationen*
  http://www.kaczenski.de/
- *Bezugsseite von OpenLDAP*
  http://www.openldap.org
- *OpenLDAP Frequently Asked Questions*
  http://www.openldap.org/faq/data/cache/1.html

8.1.4 Foren

- *Devshed – Web Developer Board*
  http://forums.devshed.com
- *Deutsches PHP Entwickler Board*
  http://www.php.de
- *LDAP Direcotry Server Board*
  http://www.ldaphelp.com
-

8.1.5 Usenet

- *Microsoft.public.de.german.windows2000.active_directory*
- *Microsoft.public.de.german.windows.server.active_directory*
- *Microsoft.public.de.german.zertifizierung*
- *Alt.php*

8.2 Abbildungen